本当に 役立つ
英文ビジネス
Eメー

JN066125

(株)イー・グローブ
島村東世子 著
Toyoko Shimamura

執筆協力 宮原麻希

日刊工業新聞社

はじめに

英語でEメールを送信する時、ふと不安がよぎりませんか？

　当社は、企業で英文Eメール研修を行っておりますが、研修前の受講者の方々から、以下のようなお悩みをよくお聞きします。

　■ 自分が書いた英文Eメールがビジネスで通用するのか？
　■ こんな時、どういうフレーズが適切なのか？
　■ 言いにくいことを、英語でどう表現すれば失礼でないか？

　確かに、講師の立場から見ますと「カジュアルすぎる」、あるいは「お詫びのしすぎ」、「控えめすぎる」、「何を伝えたいのかがわかりにくい」等、ちょっと心配な英文Eメールを見かけることも事実です。

　しかし、それらの問題は、英文ビジネスEメールの基本ルールや、論理展開、書き方のコツを知り、状況にあった適切な英語表現を使うことで、グッと改善されるのです。

　本書は、「**単語をちょっと入れ替えるだけで、英文ビジネスEメールをサクサク書ける！**」ということを目標にしています。
　そのために、次の3つのポイントに焦点をあてて執筆しました。

1．英文ビジネスEメールの基本パターンやロジックを、ひな形として提示

2．実際のビジネスシーンでよく使われる表現や、一部の単語を入れ替えるだけで応用可能なフレーズを中心に収録

3．適切な丁寧表現や、お詫び、お断り、お礼の表現と使い方を多彩に含み、異文化に対応できる

さらに今回の第2版では、現在のビジネスシーンに、よりマッチするように、新たに以下を収録しました。

NEW1 最近、ビジネスでもよく使われる『SNSでの英文メッセージ』のやり取りの例や、よく使われるフレーズ

NEW2 記載されているサンプルEメールに『返信』をする英文Eメール

英語が苦手なあなたも、そして英語が得意なあなたも、新しくなった本書をぜひデスクに1冊！

少しでもあなたのお役に立つことができますように。

2020年7月

株式会社　イー・グローブ　代表取締役社長　島村　東世子

Toyoko SHIMAMURA, Ph.D.

大阪大学大学院工学研究科 非常勤講師

（株）イー・グローブHP（https://www.eglobe.co.jp/book2/）にて
「SNSで役立つ英文メッセージ」の一部を公開中。ぜひご覧下さい。

本書の使い方

本書は下記の内容で構成されています。

■Part1■

英文ビジネスEメールの基本構成やルールについて解説しています。

■Part2■

【ひな型（テンプレート）】

各項の最初に代表的なひな形（テンプレート）を記載しており、フォームに単語を入れるだけで初心者にも簡単にEメールを作成することができます。

【サンプルEメール】

左ページに和文Eメール、右ページに英文Eメールを対比して記載しています。

【重要語句】／ Toyoko先生のミニ解説

サンプルに使用している重要語句とミニ解説を記載しています。

■ お役立ちフレーズ

各サンプルに関連する使用頻度が高く、使いやすいフレーズを集めて記載しています。

【サンプルEメールへの返信Eメール】

サンプルEメールに対して、承諾する、代替え案を提示する、断る、などの様々な返信Eメールパターンを提示しています。

Coffee Break

文化の違いによる表現の違いやスマートな表現など、ちょっとしたアドバイスを記載していますので、ぜひご参考にしてください。

■Part3■

『SNS』上で英文メッセージを使ってやり取りをしている例や、各場面でよく使われるフレーズを記載しています。

Contents

Contents —— 5

Coffee Break

注文する

Coffee Break

言いにくいことを言う　その1
　　お詫びをしてからお願いをする

言いにくいことを言う　その２
苦情＋対応を求める／断り＋理解を求める

Part3

SNSで役立つ英文メッセージ ……………………201

Part 1

英文ビジネスEメールの
「基本大原則」をおさえよう！

英文ビジネスEメールを書く時の
心構えと基本ルール

1. 英文ビジネスEメールの心得 8ヵ条

英文ビジネスEメールの心得 8ヵ条

① 簡潔に、わかりやすく書く

② 日本文化特有の儀礼文は必要ない

③ I'm sorry「すみません」の乱用は禁止

④ "メインに伝えたいこと" を最初に書く

⑤ 伝えたい "内容" に焦点をおく

⑥ 同じ表現の繰り返しは避ける

⑦ 読みやすいレイアウトにする

⑧ 書いたあとにもう一度推敲する

① 簡潔に、わかりやすく書く

「簡潔に、わかりやすく」が第一のルールです。

英語では「明確に、わかりやすく相手に伝えることができる力」が、知性を表します。長すぎる文やまわりくどい表現は禁物！

② 日本文化特有の儀礼文は必要ない

「いつもお世話になっております」などの日本語Eメールの商習慣における挨拶を、英語に直訳してメールの冒頭に書くことはやめましょう！こういった表現は日本特有の商習慣の言葉です。

場面に応じて、どうしても儀礼文やスモールトークを書く場合は正しい表現を使用しましょう。（本書中の■挨拶・社交・誘うのお役立ちフレーズ P156、■お礼のお役立ちフレーズ P152、Coffee Break "こんな時どう書くの？" P101を参照）

③ I'm sorry「すみません」の乱用は禁止

"I'm sorry"は、本当に非を認めて詫びる時に使います。

日本の文化では、本当に詫びる時以外にも「すみません」と表現することもありますが、英語では真に詫びる意味になります。
"I'm sorry"を乱用すると、ビジネス上、相手を優位に立たせてしまい、こちらが不利になってしまうこともあるので注意しましょう。

注）"I'm sorry" には「すみません」というお詫びの意味以外に、「気の毒に思う」という意味もあります。

例　I'm sorry to hear that.　　それはお気の毒に。

④ "メインに伝えたいこと" を最初に書く

結論や、依頼内容など "メインに伝えたいこと" を最初に書きましょう。

また、仮に相手が全部読まなくても、最初の数行で先の内容が予測できる書き方を心がけましょう。最初に長々と説明や前置きが書かれ、結論が見えないEメールはNGです。

⑤ 伝えたい "内容" に焦点をおく

日本語をただ単純に英語に置きかえるのではなく、伝えるべきメッセージは何か？をきちんと把握してから、その内容に焦点をおいて書きましょう。

⑥ 同じ表現の繰り返しは避ける

１つのEメールの中で、同じ表現を何度も使うのはあまり体裁が良くありません。

たとえば、依頼内容が複数ある場合 Please〜「〜してください」ばかり何度も書くのではなく、Could you 〜「〜していただけますでしょうか」や I would appreciate it if 〜「〜していただければ幸いです」な

どの表現も使いましょう。

⑦ 読みやすいレイアウトにする

相手にとって読みやすいレイアウトにするために、

　①可能な限り１つ１つの文章を短くする。

　②意味のまとまりごとで、段落分けをする。

　③適宜、箇条書きにする。

⑧ 書いたあとにもう一度推敲する

下記３つのプロセスをふんでから送信しましょう。

　①「自分の言いたいことが正確に相手に伝わるかどうか」
　　を確認する。

　↓

　②より短く簡潔な英文へ、再度推敲する。

　↓

　③スペルチェックをかける。

　↓

　送信！

Subject: Inquiry   ....①件名

Dear Sir or Madam, ...②敬辞

I'm interested in your products, XX series.
                                                           ....③本文書き出し

Could you provide me with the contact information of
your distributors in Japan?   ....④本文詳細

I look forward to hearing from you.   ....⑤結びの文

Best regards, ...⑥結辞

Toyoko Shimamura   ....⑦差出人の名前

件名: 問い合わせ
担当者様
御社の製品XXシリーズに興味があります。
日本国内の販売店の連絡先を教えてください。
お返事お待ちしております。
敬具
島村 東世子

① 件名

(1) 件名（Subject）を書く時は、通常a, an, the等を省略します。

　　　例　request for a quotation → request for quotation

(2) 内容が推察できる件名を書きましょう。

(3) 件名は必ず書きましょう。"No subject" では印象が悪くなります。

●よく使う件名

*下記は一例です。前置詞などを含め、他にも使用可能な表現があります。

1. 〜に関する問い合わせ   Inquiry about 〜

   （例）製品の問い合わせ   Inquiry about products

2. 〜の手配   Arrangements for 〜

   （例）出張の手配   Arrangements for business trip

3. 〜の依頼   Request for 〜

   （例）カタログ送付の依頼   Request for brochure

4. 〜のお知らせ   Notification of 〜

   （例）全体会議のお知らせ   Notification of general meeting

5. 〜の変更   Change of 〜

   （例）待ち合わせ場所の変更   Change of meeting place

6. 〜の確認   Confirmation of 〜

   （例）注文の確認   Confirmation of order

7. 〜のお詫び   Apology for 〜

   （例）遅延のお詫び   Apology for delay

8. 〜の間違い   Error in 〜

   （例）計算違い   Error in calculation

9.	～の取り消し	Cancellation of ～
	（例）注文の取り消し	Cancellation of order
10.	～のお祝い	Congratulations on ～
	（例）昇進のお祝い	Congratulations on your promotion！
11.	～からのご挨拶	Greetings from ～
	（例）ハワイからこんにちは	Greetings from Hawaii
12.	～をありがとうございます	Thank you for ～
	（例）お時間をいただきありがとうございました	
		Thank you for your time
13.	お礼	Thank you！
14.	こんにちは	Hello
15.	発注	Order / Order placement
16.	予約の依頼	Reservation request
17.	参考情報	FYI　*For your informationの略
18.	至急	Urgent！
19.	催促	Reminder

 **Coffee Break**

儀礼文とマナー

✔**チェックしてみましょう！**

下記の文を英文ビジネスEメールにする時に、書く必要がないと思われる箇所にアンダーラインを引いてみましょう。

【問題】

いつもお世話になっております。

早速ですが、前回のお打ち合わせで決定した内容を、添付資料にてお送りいたしますので、ご確認願います。

お手数をおかけして申し訳ございませんが、何か不明な点がございましたら、お知らせください。

よろしくお願いいたします。

【解答】 下記の＿＿＿＿部分が不要です。書く必要はありません。

<u>いつもお世話になっております。</u>

<u>早速ですが、</u>前回のお打ち合わせで決定した内容を、添付資料にてお送りいたしますので、ご確認願います。

<u>お手数をおかけして申し訳ございませんが、</u>何か不明な点がございましたら、お知らせください。

よろしくお願いいたします。

② 敬辞（宛名）

■ 基本は "Dear ＋ 名前"

(1) 個人名がわかっている場合

（フォーマル）　　　Dear ＋ Mr.（または Ms.）＋ ファミリーネーム（姓）
　　　　　　　　　例　Dear Mr. Brown,

（セミフォーマル）Dear ＋ ファーストネーム（名前）
　　　　　　　　　例　Dear Mary,

（カジュアル）Hi や Hello のあとに名前を書く。または名前だけ書く。
　Hi David,　　　　　　　Hello Steve,　　　　　　　Chris,

(2) 相手の名前がわからない場合、特定のグループに送る場合

Dear Sir or Madam,　　　　「担当者様」などの不特定な宛名の場合

To whom it may concern:　　　関係者各位
　　　注）Dear Sir or Madamよりフォーマルな表現

All Managers,　　　　　　　マネージャー各位

Dear Customer,　　　　　　お客様へ

Dear all,　　　　　　　　　皆様へ

(3) 相手の性別がわからない場合

Dear ＋ ファーストネーム（名前）＋ ファミリーネーム（姓）

差出人名が Anga Stompha の場合、Dear Anga Stompha と書く。

③ 本文書き出し

■ 書き出しさえ決まれば、あとはスムーズ！

1. 書き出しさえ決まれば、そのあとは書きやすくなります。以下の代表的な書き出しのパターンを利用してみましょう。

2. 日本文化特有の「いつもお世話になっております」などの儀礼文を書く必要はありません。

● 書き出しの8パターン ●

パターン1　挨拶から書き出す

パターン2　お礼から書き出す

パターン3　Eメールの目的・通知事項から書き出す

パターン4　お詫びから書き出す

パターン5　「〜を添付しています」から書き出す

パターン6　「〜に関して」から書き出す

パターン7　「〜に従って / 〜の通り」から書き出す

パターン8　「〜に興味があります」から書き出す

●よく使う書き出しの8パターン

パターン１　挨拶から書き出す

Hi, how are you?
お元気ですか？

Hello, this is Kayoko.
こんにちは、かよこです。

It's been a long time. How's everything going?
お久しぶりです。近況はいかがですか？

How have you been? I hope all is well with you.
どうしておられますか？すべて順調にお過ごしのことと存じます。

パターン２　お礼から書き出す

Thank you for ～　　　～をありがとうございます

Thank you for your email.
Ｅメールをありがとうございます。

Thank you for your reply.
お返事をありがとうございました。

パターン3　Eメールの目的・通知事項から書き出す

1. I would like to ～　　～したく存じます

I would like to ask you about your email dated April 5th.
４月５日の貴殿からのEメールについておうかがいしたく存じます。

2. I am writing to (about) ～
～するために（について）Eメールしています

I am writing to introduce our company.
当社をご紹介させていただきたくEメールいたしました。

I am writing about the invoice No.XX.
請求書番号XXについてEメールを差し上げています。

3. This is to ～　　～するための（Eメール）です

This is to remind you that your account is overdue in the amount of $500.
500ドルのお支払いの期限が過ぎていることをお知らせします。

This is to confirm what we discussed on the phone today.
本日電話で話し合ったことを確認するためのEメールです。

4. I'm pleased to inform you that (of) 〜

   〜をお知らせします

   ※良い知らせに使う

   We are pleased to inform you that your order was shipped on May 18th.

   貴方のご注文は５月18日に出荷されたことをお知らせします。

5. I regret to inform you that （of）〜

   We are sorry to inform you that (of) 〜

   残念ながら〜をお知らせいたします

   We regret to inform you that the goods we received are different from what we ordered.

   残念ながら、受け取った商品は注文したものと異なります。

   We are sorry to inform you that the product you ordered is out of stock now.

   申し訳ございませんが、ご注文いただいた商品は現在在庫を切らしております。

パターン4　お詫びから書き出す

I'm sorry ～
We apologize ～
～で申し訳ございません

I'm sorry for my late reply.
お返事が遅れて申し訳ございません。

We apologize for having kept you waiting.
お待たせして申し訳ございません。

パターン5　「～を添付しています」から書き出す

I have attached ～ / Attached is ～ / Here is ～
I am sending you ～　　～を添付しています

I have attached the revised version.
改訂版を添付しています。

Here is the itinerary.
旅行日程を添付しています。

I am sending you our company brochure.
当社の会社案内を添付しています。

パターン6　「〜に関して」から書き出す

regarding 〜 / concerning 〜 / with regard to 〜　〜に関して

Regarding your questions, please refer to the attached file.
あなたからいただいた質問に関して、添付資料をご参照ください。

With regard to the schedule, please see below:
スケジュールに関しては、下記をご覧ください。

パターン7　「〜に従って / 〜の通り」から書き出す

as per 〜　　　〜に従って
as 〜　　　　　〜の通り

As per our telephone conversation, I have attached a quotation for the following items:
電話でお話しした通り、下記の商品に対する見積もりを添付します。

As requested, I'm sending you the latest data.
ご依頼の通り、最新のデータを送ります。

パターン8　「〜に興味があります」から書き出す

I am interested in 〜　　　〜に興味があります

I am interested in your products XX advertised on your website.
御社のHPに広告されていた製品XXに興味があります。

④ 本文詳細

1. 下記 a)〜c) を中心に書きます。

       a) 依頼事項や申し出、起こすべきアクション

       b) Eメールの主題

       c) 背景となる主な情報

2. 接続詞や副詞などの語句を使って文の流れをスムーズにしましょう。

3. 前置詞は間違いやすいので、辞書で調べて正しく書きましょう。

●よく使うつなぎの語句

1. since / as 〜   〜なので

2. due to / because of 〜   〜のため（〜が原因/理由で）

3. as 〜   〜のように、〜として、〜ので

4. and / also / moreover   そして、そのうえ、さらに

5. but / however   しかし

6. although / though 〜   〜だけれども

7. on behalf of 〜   〜の代理で

8. at any rate   いずれにせよ

9. regarding / with regard to / as to ～   ～に関して

10. related to ～   ～に関連する

11. in terms of ～   ～の点に関して

12. in this way   このようにして

13. in order to ～   ～するために

14. fortunately / luckily   幸運にも

15. unfortunately / regrettably   残念ですが、あいにくですが

16. by the way   ところで

17. basically   基本的に

18. actually   実際は、実は

19. as requested   ご依頼の通りに

20. as you know   ご存知のように

21.	as far as I know	私が知る限りでは
22.	first of all	最初に
23.	secondly	次に
24.	as per 〜	〜に従って
25.	for example / e.g.	たとえば
26.	the problem is 〜	問題点は〜
27.	thanks to 〜	〜のおかげで
28.	the above	上記の
29.	the following	以下の（もの・こと）
30.	below	以下の、下を

●よく使う前置詞

■前置詞の基本的な意味

with ～	～と一緒に	例 with you	あなたと一緒に
by ～	～までに、～によって	例 by email	Ｅメールで
until ～	～まで	例 until last year	去年まで
for ～	～のために	例 for him	彼のために
to ～	～へ	例 to Tokyo	東京へ
of ～	～の	例 of Tokyo	東京の
from ～	～から	例 from you	あなたから
in ～	～で、～月に	例 in Osaka	大阪で（国や土地）
at ～	～で、～時に	例 at the station	駅で（建物などの限定された場所）
about ～	～について	例 about the product	その製品について
on ～	～の上に、～について	例 on the matter	その件について
before ～	～の前に	例 before the end of the year	年末までに
after ～	～のあとに	例 after a few minutes	数分後

■英文ビジネスEメールでよく使うパターン例

on ＋ 曜日 / 日付

We set the deadline on March 15th.
締め切りを３月15日に設定しました。

at ＋ 時刻

She will be back at 3p.m.　彼女は午後３時に戻ります。

in ＋ 月 / 年号

The new project will start in September.
新しいプロジェクトは９月にはじまります。

by ＋ 期日

Please send the file by this Thursday.
今週の木曜日までにそのファイルを送ってください。

 **Coffee Break**

A. _____ に適切な前置詞を入れてみましょう。

1. We will have a meeting _____ Monday _____ 3p.m.

2. Call me _____ my mobile phone.

3. We will have a party _____ May 1st.

4. I've attached the files you asked _____.

5. I'm currently working _____ a Financial Advisor.

6. Attached is an application form _____ requested.

7. This is _____ confirm our telephone conversation.

8. We apologize _____ the misunderstanding.

9. We are very happy _____ the service you have given us.

B. 下線の前置詞が正しければ〇、必要なければ×、間違っていたら正しく訂正しましょう。

10. I will contact <u>to</u> David <u>for</u> his approval <u>to</u> the budget.

11. I was <u>off</u> from my desk <u>at</u> that moment.

12. I didn't know you were visiting <u>to</u> New York.

13. Unfortunately, the goods did not arrive <u>in</u> time.

14. I'd like to discuss <u>about</u> the matter <u>with</u> you.

◇解答◇

A.

1. We will have a meeting __on__ Monday __at__ 3p.m.
   on ＋ 曜日　　　　at ＋ 時刻

2. Call me __on__ my mobile phone.
   「電話で〜」を表す場合は on the phone

3. We will have a party __on__ May 1st.
   on ＋ 月日

4. I've attached the files you asked __for__.
   ask for 〜「依頼する」、ask「尋ねる、質問する」

5. I'm currently working __as__ a Financial Advisor.
   work as 〜「〜として働く」

6. Attached is an application form __as__ requested.
   as requested 「ご依頼の通りに」

7. This is __to__ confirm our telephone conversation.
   to ＋ 動詞の原形

8. We apologize __for__ the misunderstanding.
   apologize for 〜「〜を詫びる」

9. We are very happy __with__ the service you have given us.
   happy with 〜「〜に満足する」

B.

10. I will contact to David for his approval to the budget.
    　　　　　　　✕　　　　　〇　　　　　　　　of

11. I was off from my desk at that moment.
    　　　　away　　　　　　　〇

12. I didn't know you were visiting to New York.
    　　　　　　　　　　　　　　✕

13. Unfortunately, the goods did not arrive in time.
    　　　　　　　　　　　　　　　　　〇

14. I'd like to discuss about the matter with you.
    　　　　　　　　　✕　　　　　　　　〇

⑤ 結びの文

(1) 「よろしくお願いいたします」「お返事お待ちしています」などのEメールを締めくくる文です。この部分をきちんと書くことで、礼儀正しい印象を与えます。

(2) カジュアルなEメールの場合は、結びの文を書けば、⑥の結辞（P44参照）を省略することも可。

●よく使う結びの文

パターン1　look forward to 〜 型　　　「〜を楽しみにしています」

I look forward to hearing from you.
ご連絡お待ちしております。
*be looking forward よりもややフォーマルな印象を与える

I am looking forward to seeing you soon.
すぐにお目にかかれることを楽しみにしています。

We look forward to establishing a good business relationship with you.
御社と良い取引関係を築けることを願っております。

We look forward to receiving your order in the near future.
近いうちに、御社からご注文をいただけますことを楽しみにしています。

パターン2　Thank you ～ 型　　　「～をよろしくお願いします」
「～をありがとうございます」

Thank you.　　　　　よろしくお願いします。／ では。／ ありがとうございます。

Thank you in advance.　　　　　　よろしくお願いします。

Thank you for your cooperation.　ご協力ありがとうございます。

Thank you for your consideration.　ご検討（ご考慮）のほどお願いいたします。

Again, thank you very much.　　　重ねてお礼を申し上げます。

パターン3　If ～ 型　　　「もし～であれば ～してください」

If you have any questions, please let me know.
ご質問などございましたらいつでもお知らせください。

If there are any changes, please let me know.
何か変更がございましたらお知らせください。

If you are interested, please do not hesitate to contact us.
ご興味がございましたら、どうぞお気兼ねなくご連絡ください。

If you need further information, please feel free to contact us at anytime.
情報がさらにご必要であれば、ご遠慮なくいつでもご連絡ください。

パターン4　Please ～ 型　　　「～してください」

Please confirm receipt of this email.
このEメールを受け取ったことをお知らせください。

Please reply to me as soon as possible.
至急お返事ください。

Please understand the situation.
状況をご理解いただければ幸いです。

Please give my best regards to ～.
～さんによろしくお伝えください。

Please let me know when would be good for you.
ご都合の良い時をお知らせください。

パターン5　appreciate / be appreciated　型
「～に感謝いたします」
「～していただければ幸いです」

I greatly appreciate your help.
ご助力いただきたいへん感謝しております。

I would appreciate your prompt reply.
お早めにお返事いただければ幸いです。

Your prompt attention would be appreciated.
至急ご対応のほどお願いいたします。

その他
Hope to hear from you soon.
お返事お待ちしております。

I will check it and get back to you soon.
調査してすぐにお返事差し上げます。

I hope you will find it helpful.
お役に立てれば幸いです。

Good luck.（カジュアルな表現）
幸運を祈ります。

Let's keep in touch.
これからも連絡をとりあいましょう。

Have a nice weekend.
楽しい週末をお過ごしください。

I hope you'll enjoy 〜.
〜を楽しんでください。

I'm sorry for the inconvenience.
不都合をお詫びいたします。

⑥ 結辞

和文レターで「敬具」等に該当する言葉です。まず以下の表現を知っておきましょう。

1. ビジネスにおいて一般的な結辞

- Sincerely （フォーマル）
- Best regards （フォーマル）
- Regards （ややフォーマル）

2. カジュアルな結辞

- Thanks （ありがとう）
- Keep in touch （また連絡してね）
- Cheers （ではまた）
- Take care （お元気で）
- Good luck （頑張ってね）

⑦　差出人の名前と署名欄

Eメールの最後に、差出人の名前を書きます。

署名欄には、海外に送るEメールの場合、電話・FAX番号を、国際通話番号で表記しましょう。

■　国際通話番号表記～日本の場合

+81 + 市外局番から **0** を削除したもの + 加入者番号

東京（03）1234-5678の場合　→　+81 3-1234-5678

「「+81」は日本の国番号です。国番号は各国によって異なります。

+は国際通話番号を表します。）

■　署名欄の例

****

David Palmer

Engineering Division, ABC System Co., Ltd.

Phone: +81 6-4321-1000　　　　Fax: +81 6-4321-1001

****

 **Coffee Break**

1. I hope all is well with you.
   万事順調にお過ごしのことと存じます。

2. Thank you for your email.
   Eメールをありがとうございます。

3. I'm sorry for my late reply.
   お返事が遅くなってすみません。

4. We apologize for having kept you waiting.
   お待たせして申し訳ございません。

5. Sorry for the delay.
   遅れてすみません。

6. Please find the attached file.
   添付ファイルをご査収ください。

7. Please see below:
   下記をご覧ください。

8. I'd like to order XX as follows:
   下記の通りXXを注文します。

9. I would like to know about XX.
   XXについて知りたいと思います。

10. Please confirm the receipt of this email.
    このEメールを受け取ったことをご確認ください。

11. Please reply to me by _____ _____.
　　_____月_____日までにお返事ください。

12. Please send me a quotation for XX.
　　XXの見積もりを送ってください。

13. If you have any questions, please let me know.
　　何かご質問があればお知らせください。

14. Please let me know when would be good for you.
　　いつがご都合よろしいかをお知らせください。

15. Please CC me when sending an email to ～.
　　～にEメールを送る時は、私をCCに入れてください。

16. I look forward to hearing from you soon.
　　お返事お待ちしております。

17. I'm sorry for the inconvenience.
　　ご迷惑をおかけしてすみません。

18. I apologize for the short notice.
　　急なお願い（知らせ）で申し訳ございません。

19. I would appreciate your prompt reply.
　　早急にお返事いただければ幸いです。

20. Thank you for your help.
　　ご助力いただきありがとうございます。

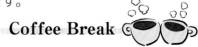
Coffee Break

Part 2

頻出パターンの
英文ビジネスEメール

- ・ひな型（Eメールテンプレート）
- ・サンプルEメール
- ・お役立ちフレーズ
- ・サンプルEメールに対する返信Eメール

問い合わせEメールのひな型

日本語版ひな型

① **件名: 問い合わせ**

② 担当者様

③ **私は**御社の製品XXシリーズについて詳細を知り**たいと思います。**

④ 御社の日本国内での販売店の連絡先を教えて**いただけますでしょうか？**

⑤ **お返事お待ちしております。**

⑥ 敬具

⑦ 島村 東世子

・内容にあわせて＿＿の部分に適した言葉を入れてください。

・下記のひな型は一例です。他にも色々な表現があります。

英語版ひな型

① **Subject: Inquiry**

② <u>Dear Sir or Madam,</u>

③ **I'd like to** <u>know the details of your products, XX series.</u>

④ **Could you** <u>provide me with the contact information of your distributors in Japan</u>**?**

⑤ **I look forward to hearing from you.**

⑥ <u>Sincerely,</u>

⑦ <u>Toyoko Shimamura</u>

問い合わせに関するお役立ちフレーズ

I saw your website and am interested in XX.
御社のホームページを拝見し、XXに興味を持っています。

We are a computer company in Japan.
当社は、日本のコンピュータ会社です。

We are a trading company specializing in Southeast Asia.
当社は、東南アジアを専門にした貿易会社です。

Please send me information on your company.
御社に関する情報を送ってください。

Please let me know the price and shipping charge.
値段と送料をお知らせください。

I am interested in the products advertised on your website.
御社のホームページに掲載されている商品に興味があります。

Could you email me a price list as an attachment？
価格表を添付ファイルで送っていただけますでしょうか？

We would be grateful if you could send a catalogue to the following address:
カタログを、下記の住所まで郵送していただけますようお願い申し上げます。

I would appreciate it if you could give the name and email address of the person in charge.
担当者の名前とEメールアドレスをお知らせいただければ幸いです。

We are planning to open our first branch in XX.
XXで、当社の新規支社を開設することを計画しています。

We are interested in establishing a business relationship with you.
御社と取引関係を結ぶことを希望しています。

サンプルEメール1　納期と在庫を問い合わせる

件名: 納期と在庫に関する問い合わせ

パーマー様

御社の商品XXに関して、定期注文を検討しております。

これらの商品の納期を教えてください。

また、商品番号322の在庫は80個ありますでしょうか？

早急にお返事いただけますようお願いいたします。

敬具

島村　東世子

【重要語句】

〜の納期	delivery time for 〜
〜に関する問い合わせ	inquiry about 〜
定期注文する	place regular orders
検討する	consider
また	also
〜の在庫がある	have 〜 in stock

Subject: Inquiry about delivery time and stock

Dear Mr. Palmer:

Regarding your product XX, we are considering placing regular orders.

Could you let me know the delivery time for these products?

Also, we would like to know if you have 80 pieces of #322 in stock.

I would appreciate your prompt reply.

Regards,

Toyoko Shimamura

 Toyoko先生のミニ解説

- We are considering placing regular orders.
  定期注文を検討しております。
  「〜を検討する」という意味の consider は、consider ＋ 動名詞または名詞。
  不定詞（to ＋ 動詞の原型）は consider の後には使えないので注意が必要。

● Could you let me know 〜?　　　〜を教えてください。

この場合の「〜を教えてください」は「〜をお知らせください」の意味なので、teach ではなく let me (us) know を使う。teach は学科などを指導する意味の語である。

● I would appreciate your prompt reply.

早急のお返事をお待ちしております。

早く返事が欲しい時に使うビジネス的な表現。

■ 納期・在庫に関するお役立ちフレーズ

I would like to know the delivery date of this order.

この注文はいつ配達されるか教えてください。

When will it be delivered?

いつ配達されますか？

Please be sure to deliver the goods by January 25th.

必ず1月25日までに商品を届けてください。

We would like to know if you have 80 pieces of #322 in stock.

商品番号322の在庫は80個ございますでしょうか？

Normally, delivery is made 10 days after receipt of order.

通常は、受注から10日後に発送されます。

The time frame of shipment from receipt of order is about two weeks.
受注から発送までの期間は 約２週間です。

We confirmed that all the items you requested are in stock.
ご注文いただきました製品は、すべて在庫がございます。

We will deliver the goods as they become available.
商品を調達でき次第、すぐに発送いたします。

I will check it and let you know soon.
調べてすぐ連絡します。

I regret to inform you that the product you ordered is currently out of stock.
残念ながら、ご注文いただきました製品は現在品切れとなっております。

We apologize for the delay in shipment due to lack of stock.
在庫切れのため発送が遅れて申し訳ございません。

We regret that we have already discontinued the model you ordered.
残念ながら、ご注文いただいた型はすでに廃版となっております。

サンプルEメール2　仕事の応募・面接について問い合わせる

件名: 仕事の問い合わせ

担当者様

御社HPに掲載された営業マネージャーの職に応募したいと存じます。

履歴書を添付いたしますのでご査収いただければ幸いです。

私はコンピュータ業界で営業部員として6年間働いた経験があり、また英語も流暢に話せますので、御社の条件となる資格を十分満たしていることと存じます。

御社のご都合の良い時に、面接におうかがいできれば幸いです。

ご連絡を心からお待ちしています。

敬具

島村　東世子

【重要語句】

〜の職に応募する	apply for the position as 〜
履歴書	resume / CV（curriculum vitae）
査収する	review
営業部員	sales representative
〜の資格を十分に満たしている	be well qualified for 〜
ご都合の良い時に	at a time convenient for you
面接	interview

Subject: Job inquiry

Dear Sir or Madam:

I'd like to apply for the position as sales manager advertised on your website.

I would be grateful if you would review my attached resume.

I believe I am well qualified for the position as I have worked as a sales representative for the past six years in the computer industry and also I can speak English fluently.

I would appreciate it if I could have an interview at a time convenient for you.

I look forward to hearing from you soon.

Sincerely,

Toyoko Shimamura

Toyoko先生のミニ解説

- **the position as sales manager**　　営業マネージャーの職
  the position as ＋ 職名で「〜の職」という意味。この場合は as の後は冠詞はつけない。

- **advertised on（in）〜**　　〜に掲載された
  掲載されている場所がインターネットの場合は advertised on the Internet のように on を使う。
  雑誌や新聞の場合は in the newspaper や in the magazine のように in を使う。

- **I would be grateful if 〜.**　　〜していただければ幸いです。
  依頼をする時の最も丁寧な表現の１つ。be grateful「感謝する」は appreciate「感謝する」よりもフォーマルな表現である。

仕事の応募に関するお役立ちフレーズ

I'm very interested in the position as sales manager advertised on your website.
御社HPに掲載された営業マネージャーの求人に興味があります。

I have attached my resume for your review.
履歴書を添付しましたのでご査収ください。

I have worked as a sales representative for the past six years in the computer industry.
私はコンピュータ業界で営業部員として６年間働いた経験があります。

I believe I am well qualified for the position as I have three years of experience as a secretary.
私は秘書として3年の経験がありますので、御社の条件を十分満たしていると思います。

I have focused on developing my skills in the field of XX.
XXの分野で能力を高めることに専念してきました。

I would appreciate it if I could have an interview at a time convenient for you.
ご都合の良い時に面接をしていただければ幸いです。

Thank you very much for giving me the opportunity to have an interview.
面接の機会をいただき誠にありがとうございました。

Thank you for your inquiry regarding the position as engineering manager.
技術マネージャーのポストにお問い合わせいただきありがとうございます。

Would it be possible to come in for an interview at 10a.m. on February 10th?
2月10日午前10時に面接におこしいただけますでしょうか?

We regret to inform you that the position has already been filled.
残念ながら、ご応募のポストはすでに(他の方に)決まってしまいました。

返信Eメール "面接の日時を連絡"

件名: ご応募ありがとうございます！

島村様

当社へのご興味ありがとうございます。

あなたの職務経歴に感銘を受けました。3月21日、午前10時に面接を設定できますでしょうか？

当社の本社（添付の地図参照）におこしいただき、受付の電話をご使用ください。内線201番にかけていただければ私につながります。

もしこの日程がむずかしければ、来週のあなたのご都合の良い日程を3月14日までにお知らせください。

お会いできるのを楽しみにしています。

敬具

スティーブ パーマー

【重要語句】

職務経歴	work experience
面接を設定する	set up an interview
〜にかけたら私につながります	you can reach me at 〜

・P58-59のサンプルEメール2に対する返信Eメールです。＜承諾＞

Subject: Thank you for your application !

Dear Ms. Shimamura,

Thank you very much for your interest in our company.

We are very impressed with your work experience.
Can we set up an interview for 10a.m. on March 21st?

Please come to our head office (see attached map) and use the telephone at the reception desk. You can reach me at the extension number, 201.

If this doesn't work for you, could you let me know your availability for next week by March 14th?

We look forward to meeting you soon.

Sincerely,

Steve Palmer

Eメール

問い合わせる

返信Eメール "すでに決まってしまったことを連絡"

件名: ご応募ありがとうございます

島村様

当社の求人へのご応募ありがとうございます。

慎重に検討しました結果、残念ながら貴殿は今回募集のポジションに選ばれなかったことをお伝えいたします。

しかしながら、当社関連会社が現在求人を行っております。もし、ご興味がありましたら、以下のウェブサイトで確認してください。

www.abccorp.jp/recruit/

ご理解いただきお礼を申し上げますとともに、貴殿のご成功をお祈りいたします。

敬具

スティーブ パーマー

【重要語句】

当社の求人へ応募する	apply to our job opening
慎重に検討した結果	after careful consideration
求人を行う	recruit new staff

・P58-59のサンプルEメール2に対する返信Eメールです。＜断る＞

Subject: Thank you for your application

Dear Ms. Shimamura,

Thank you for applying to our job opening.

After careful consideration, we regret to inform you that you have not been selected for this position.

However, one of our affiliate companies is currently recruiting new staff. If you are interested, please check the following link:

www.abccorp.jp/recruit/

Thank you for your understanding and we wish you all the best.

Sincerely,

Steve Palmer

Eメール

依頼をするEメールのひな型

日本語版ひな型

① **件名:** 提案書の依頼

② デビッドへ

③ XXプロジェクト**に関して、**今週の金曜日までに提案書を送付**してください。**

④ **よろしくお願いします。**

⑤ 敬具

⑥ 島村 東世子

・内容にあわせて＿＿の部分に適した言葉を入れてください。

・下記のひな型は一例です。他にも色々な表現があります。

英語版ひな型

① **Subject: Request for** <u>proposal</u>

② <u>David</u>,

③ **Regarding** <u>XX project</u>, **could you** <u>send me a proposal by this Friday</u>**?**

④ **Thank you in advance.**

⑤ <u>Regards</u>,

⑥ <u>Toyoko Shimamura</u>

■返事に関するお役立ちフレーズ

I'm sorry I didn't get back to you sooner.
返事が遅れてすみません。

I apologize for my belated reply.
返事が遅れて申し訳ございません。

I apologize for not answering you sooner.
すぐに回答できず申し訳ございません。

Please reply to me as soon as possible.
至急お返事ください。

I need your reply by October 5th.
10月5日までに返事が必要です。

Your prompt reply would be much appreciated.
早急にお返事いただければ幸いです。

I am looking forward to hearing from you.
お返事お待ちしております。

I haven't received your reply yet.
お返事をまだ受け取っておりません。

Hope to hear from you soon.
お返事をよろしく。

I will check it and get back to you soon.
調査し、すぐにお返事差し上げます。

Thank you for your prompt reply.
早速のお返事ありがとうございます。

Please let me know when I can expect to receive a response.
いつお返事をいただけるかお知らせください。

サンプルEメール1　資料を作成してください

件名: 契約書作成の依頼

デビッドへ

Eメールをありがとうございます。

9月25日のEメールで伝えたように、S社へのPower-2004の契約書を作成願います。

今月末までに仕上げていただけますようお願いいたします。

楽しい週末をお過ごしください！

貴子

【重要語句】

〜をありがとうございます。	Thank you for 〜.
（日付）のEメールで伝えたように	as I said in the email of（日付）
〜の契約書を作成する	draw up a contract for 〜
今月末までに	by the end of this month
仕上げる	complete

Subject: Request for drawing up contract

David,

Thank you for your email.

As I said in the email of September 25th, could you draw up a contract for Power-2004 for S Inc.?

I would appreciate it if you could complete it by the end of this month.

Have a nice weekend !

Takako

 Toyoko先生のミニ解説

● I would appreciate it if you could ～.
　～していただければ幸いです。
　丁寧な依頼表現でよく使われる。しかし、強制的にしてほしい場合や、
　してもらって当然な場合はこの表現ではソフトすぎるので注意が必要。

- **Have a nice weekend.**　　楽しい週末をお過ごしください。
　週末にEメールを送る時などに使える表現。これを書くと、相手が親しい間柄であれば良い印象を与える。

■ 日々の業務のお役立ちフレーズ

I'd like to ask you the following questions:
あなたに以下の質問があります。

There's something I'd like to ask you.
おうかがいしたいことがあります。

I was wondering if you might be able to help me.
手伝っていただけるとありがたいのですが、いかがでしょうか？

I haven't received a quotation yet.
まだ見積もりを受け取っていません。

Sorry for the delay.
遅れてすみません。

Thank you for reminding me.
思い出させてくれてありがとう。

What do you think of my idea?
私の案をどう思いますか？

Who is responsible for this?
これは誰が担当していますか？（これは誰の責任ですか？）

Please keep in mind that the deadline is July 31st.
締め切りは７月31日であることを忘れないでください。

Can you make the deadline?
締め切りに間に合いますか？

Could you extend the deadline？
締め切りを延ばしていただけますでしょうか？

Please arrange a conference call next Tuesday.
来週の火曜日に、電話会議の設定をお願いいたします。

By when do you need this report?
いつまでにこの報告書が必要でしょうか？

Please keep in mind that the deadline for the report is January 20th.
レポートの提出期限は１月20日であることを忘れないでください。

Please let me know if it is acceptable.
それでよろしいかどうかお知らせください。

Could you give me an update regarding the work I asked you last week?
先週依頼した仕事の現在の状況をお知らせください。

I'm sorry for rushing you, but how is the work going?
急がせて申し訳ないのですが、仕事の状況はどうですか？

返信Eメール "リマインダーに対するお礼"

件名: リマインダーをありがとう

貴子へ

リマインダーをありがとうございます。

すべて完了し、締め切り日までに最終版を送付いたします。

受け取られたら、念のためにあなたの上司に確認してもらってください。

あなたの上司にも契約書をCCで送ります。

そちらも、よい週末をお過ごしください！

敬具

デビッド

【重要語句】

締め切り日までに	by the deadline
最終版	the finalized version
念のため	just in case

・P70-71のサンプルEメール1に対する返信Eメールです。＜承諾＞

Subject: Thank you for reminder

Takako,

Thank you for the reminder.

I will get everything done and send you the finalized version by the deadline.

When you receive it, please have it checked by your boss just in case.

I will CC your boss when sending the contract.

Have a nice weekend too !

Best regards,

David

 Toyoko先生のミニ解説

● get everything done　　全て完了させる

● have it checked by your boss　　あなたの上司に確認してもらう
このメールでは使役動詞の get と have「～させる、～してもらう」が
登場。get ～ done で「～を完了させる」、have ～ checked で「～を
チェックしてもらう」という意味。

Eメール

返信Eメール "資料作成が遅れる連絡"

件名: 契約書の期限

貴子へ

残念ながら、期限までに契約書を完成させるのは難しいでしょう。

現在、法務担当者が不在であり10月1日に戻る予定です。

彼が戻り次第、こちらから連絡いたします。

それでよろしいでしょうか？

お返事お待ちしています。

敬具

デビッド

【重要語句】

〜するのは難しいでしょう	it will be difficult to 〜
彼が戻り次第	when he is back in the office
それでよろしいでしょうか？	Would that be okay for you?

・P70-71のサンプルEメール1に対する返信Eメールです。＜代替え案を提示＞

Subject: Deadline for contract

Takako,

I'm sorry, but it will be difficult to complete the contract by the deadline.

The person in charge of legal affairs is currently out of the office, and he will be back on October 1st.

When he is back in the office, I will let you know.

Would that be okay for you?

Hope to hear from you soon.

Best regards,

David

 Toyoko先生のミニ解説

● The person in charge of legal affairs is currently out of the office.
現在、法務担当者はオフィスに不在です。
the person in charge of ～ で「～の担当者」。be currently out of the office で「現在、オフィスに不在です」という意味。

サンプルEメール2　アドバイスを依頼する

件名: 値段についてご意見をお願いします

デビッドへ

ABC社に見積もりを提出する予定なのですが、我社以外にも他に3社が競合している様子です。

契約を勝ち取るために、もう少し安い金額を提案したいと思います。

この件に関して、本社のご意見を来週の月曜日までにお願いできますでしょうか？

敬具

島村　東世子

【重要語句】

見積もり	quotation
～する予定である	be supposed to ～
競合する	join in the negotiation
契約を勝ち取る	win the contract
この件に関して	on this issue
本社	headquarters
～をお願いする（～を依頼する）	ask for ～

Subject: Please advise on price

David,

We are supposed to submit a quotation to ABC Inc., but it seems that three other companies have joined in the negotiation.

We would like to offer a more competitive price to win the contract.

Could I ask for the headquarters' advice on this issue by next Monday?

Sincerely,

Toyoko Shimamura

 Toyoko先生のミニ解説

- It seems that ~. 　 ～の様子である。
  見たり聞いたりした状況に関して、断言を避けて伝える場合は seem やappear を使って表すことができる。(本書中の Coffee Break "ソフトに伝えたい時のお役立ち表現" P177を参照)

- **competitive price**　他社に負けない魅力的な価格 / 安い価格
  cheap「安い」という語は「安っぽい、安物」という意味を含む場合があるので、ビジネスの場面での「値段が安い」は、competitive price や reasonable price が適当な表現である。

- **advice**　アドバイス、意見
  adviceは数えられない名詞である。a piece of advice「ちょっとしたアドバイス」。
  動詞は advise「アドバイスをする」で、名詞と動詞はつづりが一部異なるので注意が必要。

■意見交換のお役立ちフレーズ

What do you think of my idea?
私の案をどう思いますか？

It sounds like a good idea.
それは良い考えだと思います。

Here's the problem.
問題があります。

Could I ask for your opinion?
ご意見をお聞かせください。

In my opinion, the problem is low level of motivation.
私の意見として、問題点はやる気がないことだと思います。

Could I ask for your approval for this project?
このプロジェクトの承認をいただけますでしょうか？

We need to figure out a way to settle this.
この件に対する解決策を考えねばなりません。

That would have an immediate effect.
すぐに効果が出ると思われます。

Would you agree that we should reduce the price?
値段を下げることに賛成でしょうか？

I was wondering if you could give me some advice on this matter.
この件に関して、アドバイスをいただけないでしょうか？

Could you please advise me on what to do next?
次にするべきことを教えていただけますでしょうか？

I would appreciate it if we could receive feedback on it at your earliest convenience.
ご都合のよろしい時に、それに関するご意見をいただければ幸いです。

I would be grateful if we could discuss the feasibility of the plan.
その計画の実行可能性について話し合うことができましたら幸いです。

サンプルEメール3　見積もり書の送付を依頼する

件名: 見積もり書の依頼

パーマー様

以下について、輸送費を含んだお見積もりをいただけますでしょうか？

型番: 321

色: 白

個数: 100

早急にお返事いただければ幸いです。

敬具

島村　東世子

【重要語句】

～の見積もり	quotation for ～
～の依頼	request for ～
以下のもの	the following
輸送費	shipping charge
～を含んだ	including ～
早急なお返事	prompt reply

Subject: Request for quotation

Dear Mr. Palmer,

We would like a quotation for the following, including shipping charges:

Model No.: #321

Color: white

Number of items: 100

Your prompt reply would be much appreciated.

Sincerely,

Toyoko Shimamura

 Toyoko先生のミニ解説

- would like 〜　　〜がほしい
  want「ほしい」の丁寧な表現である。ビジネス以外でも、日常的によく使われる丁寧表現。

- including shipping charges　　輸送費を含んで
  chargeは「請求する」という動詞と「料金」という名詞の意味がある。

- **Your prompt reply would be much appreciated.**
  早急にお返事いただければ幸いです。
  「あなたの迅速な返信は非常に感謝されるでしょう。」が直訳。ここで
  は would を使うことで「そうしていただければありがたいのですが…」
  というニュアンスが出る。

■ 見積もり書に関するお役立ちフレーズ

I would like to ask you to send me your quotation for the following items:
下記商品の見積もりを送ってください。

Could you give us a quotation including shipping and handling charges?
輸送費と手数料を含んだ見積もりをいただけますでしょうか？

How much is the shipping charge?
輸送費はいくらですか？

Please email me your best quotation for XX as soon as possible.
XXの最低価格での見積もりを早急にEメールで送ってください。

Does the estimate you sent include shipping and other charges?
お送りいただいた見積もり書に送料やその他の手数料は含まれております
でしょうか？

Please find the attached quotation for XX.
添付資料は、XXの見積もり書です。

In reply to your inquiry, we are pleased to quote as follows:
お問い合わせにお答えして、以下の通りお見積もりいたします。

You don't have to pay for the shipping charge.
送料のお支払いは必要ありません。

We are offering a special discount on large orders.
大量注文には特別割引を提供いたします。

We have quoted our lowest price because of the large orders.
大量注文なので、最低価格でお見積もりしております。

This quotation is valid until July 31st.
この見積もり書は７月31日まで有効です。

サンプルEメール4　確認を依頼する

件名: 11月5日付けの営業レポートの確認

デビッドへ

営業レポート内のA-5の値段を確認したいと思います。

私の理解では、A-5の値段は150ドルですが、レポートでは130ドルと書いてあります。

この件を至急ご確認いただけますでしょうか?

私は、このレポートを今週の金曜日までに経理部に提出しなくてはなりません。

よろしくお願いいたします。

島村　東世子

【重要語句】

〜付けの営業レポート	sales report dated 〜
〜の確認	confirmation of 〜
〜を確認したい	I'd like to confirm 〜
私の理解では	my understanding is 〜
至急	right away / immediately
経理部	the Accounting Department

Subject: Confirmation of sales report dated November 5th

David,

I'd like to confirm the price of A-5 in the sales report.

My understanding is that the price of A-5 is $150 but the report says $130.

Could you please confirm this right away?

I need to submit this report to the Accounting Department by this Friday.

Thank you.

Toyoko Shimamura

 Toyoko先生のミニ解説

● price of ～　　～の値段
price of はすでに決まった値段の場合に使う。price for は値段が未定の場合に使う。

- **My understanding is that ～.** 　　私は～と理解しています。
  自分が理解した内容を相手に確認する時に使う表現。また、間違いを
  指摘する時に「あなたは間違っている」と言うよりも「私は～と理解
  しておりますが…」と表現するとソフトな印象を与える。

- **the report says ～** 　　レポートでは～と書いてある
  日本語に直訳すると「レポートが言う」と奇妙な表現になるが、英語
  では無生物を主語にした表現がよく見かけられる。

- **the Accounting Department** 　　経理部
  部署名は、the をつけて最初の文字は大文字にする。ただし、正式な名
  称かどうかわからない場合は小文字にする。

- **by this Friday** 　　今週の金曜日までに
  「来週の金曜日までに」という場合は by next Friday とする。

- **Thank you.** 　　よろしくお願いします。
  最後に適当な結びの文や結辞が浮かばない時は Thank you としておく
  と無難。（ただし、きびしく苦情を言う場合などは除く）Thank you
  のあとはピリオドの場合とコンマの場合と両方ある。

＊フレーズに関しては ■確認・許可に関するお役立ちフレーズ P120を参照

Coffee Break

Q1：英語には敬語がないのですか？

A．あります。ただ、日本語ほど複雑ではありません。
（詳しくは本書中の "丁寧な表現ランキング" P125、P126を参照してください。）

Q2：翻訳ソフトは有効なツールですか？

A．著者はフリーソフトを試したことがありますが、少し複雑な文になると正確性に欠ける部分がありました。ただし「英語はまったく苦手…」という方にとっては、若干の手がかりになるかもしれませんね。

Q3：相手がなかなか返事をくれません。

A．as soon as possible「至急」と書くだけでなく、はっきりと「〜までに返事をください」と書くことをおすすめします。
また、なぜその返事が必要なのか「理由」を明記することも大切です。いくら待っても返事が来ない時は、じっとしていないで電話をかけるなどのアクションを起こしてください。

Q4：こちらと先方の意見がくいちがって困っています。

A．こういう時のためにも、重要な内容はEメールかFAXで確認をもらうようにして、きちんとファイリングしておきましょう。「言った、言わない」の押し問答にならないように、証拠をしっかりと残しておくことが大事です。

返信Eメール "価格の間違いに対するお詫び"

件名: 価格の間違い

島村様

営業レポートに間違いがありましたこと、お詫び申し上げます。

確認しましたところ、あなたのおっしゃる通りA-5の価格は150ドルです。

修正したレポートを添付いたしました。

重ねてお詫び申し上げます。

敬具

デビッド

【重要語句】

〜をお詫び申し上げます。	I apologize for 〜.
あなたのおっしゃる通り	as you stated
修正したレポート	revised report

・P86-87のサンプルEメール4に対する返信Eメールです。＜お詫び＞

Subject: Error in price

Dear Ms. Shimamura,

I apologize for the error in the sales report.

I have checked and confirmed that the price of A-5 is $150 as you stated.

Attached is the revised report.

Again, my sincerest apologies.

Best regards,

David

 Toyoko先生のミニ解説

- **Again, my sincerest apologies.** 重ねてお詫び申し上げます。
  直訳すると、「再度、私の心からの謝罪」という意味で、文章の形には
  なっていないが、よく使われるお詫びのフレーズ。My sincere
  apologies. でも良いが、sincere を最上級にしてお詫びの深さを伝えて
  いる。
  お詫びの結びの表現として他には Please accept my sincere apologies.
  もある。apology と単数でも良いが、複数で使われる方が多い。

Eメール

通知をするEメールのひな型

日本語版ひな型

① **件名:** <u>10月の営業会議</u>**の通知**

② <u>皆様へ</u>

③ <u>10月の営業会議に関して</u>**以下の通りご連絡いたします。**

④ <u>日付: 10月5日</u>
<u>時間: 午前11時</u>
<u>場所: 会議室201</u>

⑤ **何か質問があれば、ご連絡ください。**

⑥ <u>敬具</u>

⑦ <u>島村 東世子</u>

・内容にあわせて＿＿の部分に適した言葉を入れてください。

・下記のひな型は一例です。他にも色々な表現があります。

英語版ひな型

① **Subject: Notification of** sales meeting for October

② Dear all,

③ **I'd like to inform you** about our sales meeting for October **as follows:**

④ Date: October 5th

Time: 11a.m.

Place: Meeting Room #201

⑤ **If you have any questions, please let me know.**

⑥ Regards,

⑦ Toyoko Shimamura

ミーティング・会議に関するお役立ちフレーズ

The next general meeting is scheduled as follows:
次の全体会議は以下の通り予定されています。

This is to let you know that our next sales meeting will be held on July 5th.
次の営業会議が7月5日に開催されることをお知らせいたします。

Please be sure to attend the meeting.
会議には必ず参加してください。

The purpose of the meeting is to review the design of the new products.
この会議の目的は、新製品のデザインを再検討することです。

If you have any other items to discuss, please let me know by this Friday.
もし他に話し合いたい項目があれば今週の金曜日までにお知らせください。

Please prepare copies of your proposal for all participants.
各自の提案書のコピーは参加者全員分をご用意ください 。

Here is the memorandum of the meeting held on April 15th.
４月15日に行われたミーティングの覚え書きを送ります。

Please note that our next meeting has been rescheduled for
May 30th.
次のミーティングは５月30日に変更されました。

Please be advised that the conference call has been moved to
8:30a.m. instead of 8a.m.
電話会議の時間が８時から８時半に変わりましたのでご連絡します。

I would like to confirm what we discussed on a conference call
as follows:
電話会議で話した内容を以下の通り確認いたします。

Eメール

通知する

サンプルEメール1　資料送付を通知する

件名: お問い合わせをありがとうございました

島村様

当社の製品にご興味をいただきありがとうございます。

ご依頼の通り、カタログをお送りいたします。

何かご質問がございましたら、いつでもご遠慮なくお知らせください。

ご注文をお待ちしております。

敬具

スティーブ　パーマー

【重要語句】

〜をありがとうございます。	Thank you for 〜.
ご依頼の通り	as requested
いつでも	at anytime
ご遠慮なく〜してください	please feel free to 〜
注文	order
〜をお待ちしています	look forward to 〜

Subject: Thank you for your inquiry

Dear Ms. Shimamura:

Thank you for your interest in our products.

We are pleased to send you the catalogue as requested.

If you have any questions, please feel free to contact us at anytime.

We look forward to receiving your order.

Sincerely,

Steve Palmer

 Toyoko先生のミニ解説

● Thank you for your interest in 〜.
〜にご興味をいただき、ありがとうございます。
問い合わせへの返事の決まり文句。Thank you for your inquiry.
「お問い合わせをありがとうございます。」もよく使われる。

- **as requested** ご依頼のとおり

相手からの依頼であることを表す。勝手に送りつけているのではない、というニュアンスも含む。

- **If you have any questions, please feel free to contact us at anytime.**

何かご質問があれば、いつでもご遠慮なくご連絡ください。

結びの文としてEメールのよく使われる文である。

If you have any questions, please let me know. よりフォーマルな表現。

■送付・添付ファイルに関するお役立ちフレーズ

Here is the sales report you requested.

ご依頼の営業報告書を送ります。

I am sending you our company brochure.

当社の会社概要を送ります。

We are pleased to send you the catalogue as requested.

ご請求のカタログを送付いたします。

Please confirm the receipt of this email.

このEメールの受領をご確認ください。

Please confirm.

ご確認ください。

I'd like to confirm that you received my email dated July 20th.
私が7月20日にお送りしたEメールがあなたの元に届いていることを確認
したく存じます。

I apologize for the delay in sending this file.
このファイルの送付が遅れて申し訳ございません。

Please disregard my previous email.
先に送った私のEメールは無視してください。

Please send an email to my mobile phone.
私の携帯電話にEメールしてください。

I might have sent the email to the wrong address.
間違ったアドレスにEメールを送ってしまったのかもしれません。

Please let me know when you receive XX.
XXを受け取ったらご一報ください。

I can't open the attached file.
添付ファイルが開けません。

The characters in your last email were unreadable.
最後にいただいたEメールが文字化けしていました。

What file format is it in？
そのファイル形式は何ですか？

Attached please find a proposal for your company.
御社向けの提案書を添付しましたのでご査収願います。

Attached is a revised plan.
添付は修正された計画です。

Please find the attached file.
添付ファイルをご覧ください。

Could you send me the data as an attachment？
そのデータを添付ファイルで送付してください。

Could you resend the file in Word format to me？
そのファイルをワード形式で再送願います。

For details, please refer to the attached file.
詳細に関しては添付資料をご覧ください。

 **Coffee Break**

1．お忙しいところをすみませんが、お願いしたいことがあります。

　→ I know you are really busy, but could you do me a favor?

2．あつかましいお願いとは思いますが～

　→ I know this is asking a lot, but ～

3．急がせて申し訳ないです。

　→ I am sorry for rushing you.

4．急な知らせですみません。

　→ I am sorry for the short notice.

5．私の携帯電話にメールしてください。

　→ Please send an email to my mobile phone.

6．間違ったアドレスにEメールしたのかもしれません。

　→ I might have sent the email to the wrong address.

7．すぐに対応してくださってありがとうございます。

　→ Thank you very much for your prompt action.

8．最近ずっとものすごく忙しいです。

　→ I have been extremely busy lately.

サンプルEメール2　支払い条件を伝える

件名: 支払い条件

島村様

5月25日付けのメールをありがとうございます。

当社の支払い条件に関するお問い合わせへの返事として、以下を
ご覧ください。

1．請求書の日付から30日以内に銀行振り込みにてお支払い願い
　　ます。

2．大量注文には割引が提供されます。

何かご質問がございましたらいつでもご連絡ください。

敬具

スティーブ　パーマー

【重要語句】

支払い条件	payment terms
～への返事として	in reply to ～
請求書	invoice
銀行振り込み	bank transfer
大量注文	large order
割引	discount
提供する	provide
いつでも	at anytime

Subject: Payment terms

Dear Ms. Shimamura:

Thank you for your email dated May 25th.

In reply to your inquiry about our payment terms, please see below:

1. Invoices must be paid within 30 days of the invoice date through a bank transfer.

2. A discount is provided for large orders.

If you have any questions, please contact us at anytime.

Best regards,

Steve Palmer

Toyoko先生のミニ解説

- **Thank you for your email dated 〜.**
  〜の日付のEメールをありがとうございます。
  日付を書かずに、単に Thank you for your email. と書く方が一般的であり、メール返信時の書き出しとして使いやすい表現である。

- **in reply to 〜**　　〜への返事として
  同じ意味の表現で in response to 〜 がある。

- **Please see below:**　　以下をご覧ください。
  リストアップする時によく使う便利な表現。後ろにコロン「：」をつける。コロンとは、コロンの前の文と関係のある事項をリストアップする時や、説明を加える時に使う記号である。

■ 支払い条件に関するお役立ちフレーズ

Please let us know your payment terms.
御社の支払い条件をお知らせいただければ幸いです。

We would like to ask your trade terms and conditions.
御社の取引条件を知りたく存じます。

Please acknowledge the attached terms and conditions.
添付の取引条件の承認をお知らせください。

Could you let us know the method of payment?
支払い方法をお知らせください。

We would appreciate it if you could allow us to make payment in installments.
分割払いにしていただければ幸いです。

The following are our terms and conditions.
以下が当社の取引条件です。

Please make payment through a bank transfer by July 5th.
7月5日までに銀行振り込みにてお支払い願います。

Invoices must be paid within 30 days of the invoice date through a bank transfer.
請求書の日付から30日以内に銀行振り込みにてお支払い願います。

A discount is provided for large orders.
大量注文には 割引が提供されます。

Please make payment on receipt of the goods.
商品受領後直ちにお支払い願います。

Please confirm the total amount stated in the attached invoice.
添付の請求書に記載された合計金額をご確認ください。

サンプルEメール3　送金の通知をする

件名: 送金のご連絡

パーマー様

御社請求書123番のお支払いに関して、下記の通り振り込みましたことをご連絡いたします。

支払い金額: 500ドル
振り込みの日付: 10月5日
送金元: 東京銀行　日比谷支店
支払い先: 御社口座、ニューヨーク銀行　マンハッタン支店
送金番号: 20304

入金ご確認次第Eメールにてご連絡願います。

敬具

島村　東世子

【重要語句】

送金	remittance
～の連絡	notification of ～
連絡する	inform
支払い金額	amount of payment
入金	transfer
確認する	confirm

Subject: Notification of remittance

Dear Mr. Palmer,

This is to inform you that the payment for your invoice
No.123 has been made as follows:

Amount of payment: $500.00
Date of remittance: October 5th
From: the Hibiya Branch of the Tokyo Bank
To: your account at the Manhattan Branch of the Bank
of New York
Remittance number: 20304

When you confirm this transfer, please email me.

Regards,

Toyoko Shimamura

Toyoko先生のミニ解説

● **This is to inform you that 〜.**　　〜をお知らせいたします。
事務的なニュアンスがあるので、普通の通知内容はもちろんのこと、苦情や催促をする際にも使いやすい表現。informはtellのフォーマル語。

● **The payment for your invoice No.123 has been made.**
請求書番号123の支払いを振り込みました。
「〜の支払いをする」という意味のmake the payment for 〜 が受動態で表されている。
他に「振り込みをする（送金する）」という意味を表す表現は、make remittance や transfer などがある。これらの表現は pay money「お金を払う」よりもフォーマルでビジネス的な表現である。

■ 送金・受領に関するお役立ちフレーズ

I would like to let you know that the payment for your order No.123 has been confirmed.
貴方の注文番号123の支払いが確認されたことをお知らせいたします。

Please be advised that we have transferred $10,000 to your account as payment for invoice No.123 today.
請求書番号123の支払い10,000ドルを、御社の口座に本日振り込んだことをお知らせいたします。

When you confirm the transfer, please let us know.
入金ご確認次第ご連絡願います。

Our bank account is as follows:
振込口座は以下の通りです。

Please inform us of your bank details.
御社の銀行口座の詳細をお知らせください。

We received your remittance today.
本日ご入金を受け取りました。

Thank you for the payment for our invoice No.123.
請求書番号123へのお支払いをいただきありがとうございました。

This is to acknowledge receipt of your payment for invoice No.123 on May 25th.
５月25日に請求書番号123の支払いを受け取りましたことを確認いたします。

Eメール

通知する

返信Eメール "入金確認の連絡"

件名: 送金の確認

島村様

送金のご連絡をありがとうございます。

今朝、お支払いを確認いたしました。

すぐに発送の手続きを進めますので、ご注文品の発送準備ができ次第、最新の状況をお知らせいたします。

重ねてお礼を申し上げます。

敬具

スティーブ パーマー

【重要語句】

すぐに	shortly
(作業や計画を) 進める	proceed with 〜
発送準備ができる	be ready to ship
あなたに最新の状況を知らせる	update you

· P106-107のサンプルEメール3に対する返信Eメールです。＜確認＞

Subject: Confirmation of remittance

Dear Ms. Shimamura,

Thank you for notifying us of your remittance.

The payment has been confirmed this morning.

We will proceed with the shipping shortly and update you when your order is ready to ship.

Thank you again.

Best regards,

Steve Palmer

 Toyoko先生のミニ解説

● Thank you for notifying us of 〜.
　〜の連絡をありがとうございます。
　notify 人 of 〜 で「人に〜を連絡する」という意味。

返信Eメール "振り込みの確認依頼"

件名: 確認の依頼

> 島村様
>
> 残念ながら、本日午前10時の時点で、送金番号20304の入金が確認できません。
>
> 再度ご確認いただき、明日午後１時までにお知らせいただけますか？
>
> 入金が確認されるまで商品の発送はしませんことをご承知ください。
>
> 敬具
>
> スティーブ パーマー

【重要語句】

再度確認する	double check
～であることをご承知ください。	Please note that ～.

・P106-107のサンプルEメール3に対する返信Eメールです。＜確認を依頼＞

Subject: Request for confirmation

Ms. Shimamura,

I regret to inform you that we are unable to confirm the remittance No.20304 as of 10a.m. today.

Could you double check it and let me know by 1p.m. tomorrow？

Please note that we are unable to ship your goods until the payment has been confirmed.

Regards,

Steve Palmer

 Toyoko先生のミニ解説

● we are unable to 〜　　〜することはできません
「〜できない」という時は we can't 〜 と書くよりも be unable to 〜 と書く方がソフトである。be not able to 〜 でも良い。
can't にすると、「〜してはいけない」という禁止の意味になる場合があるので注意。

Eメール

サンプルEメール4　トラブルの報告をする

件名: 至急！ GH-2の品質

デビッドへ

残念ですが、GH-2の品質が劣っているという数多くの不満を顧客から聞いています。

本件に関して是正措置をとるために、来週中のいつかに、技術スタッフと電話会議を設定しなくてはなりません。

私の携帯電話に至急お電話ください。

敬具

島村　東世子

【重要語句】

至急！	Urgent！
〜の品質が劣っている	poor quality of 〜
数多くの〜	a number of 〜
不満	complaint
本件に関して	in this matter
是正措置をとる	take corrective action
来週中のいつか	sometime next week
技術スタッフ	engineering staff
電話会議を設定する	arrange a conference call

Subject: Urgent！ Quality of GH-2

David,

I regret to inform you that we have received a number of complaints about the poor quality of GH-2 from our clients.

We should arrange a conference call with the engineering staff sometime next week to take corrective action in this matter.

Please give me a call on my mobile phone as soon as possible.

Regards,

Toyoko Shimamura

 Toyoko先生のミニ解説

- I regret to inform you that 〜. 残念ながら〜をお知らせします。
  断りや苦情など、ネガティブな内容を伝える時の表現。

● **sometime**　　いつか
　はっきりと日時がわからない場合の「いつか、そのうち」という意味を表す。sometimes「時々」と間違いやすいので注意が必要。

■ トラブルに関するお役立ちフレーズ

Please look into this issue.
本件について調査願います。

Could you let us know what's going on?
どういう状況になっているかお知らせください。

Please check your record.
記録を調べてください。

We have to solve this problem immediately.
この問題を至急解決しなくてはなりません。

We need to discuss an effective solution with the client.
効果的な解決法を顧客と話し合わないといけません。

Your attention to this matter is much appreciated.
本件へのご対応をよろしくお願いいたします。

We urge you to take immediate action on this problem.
この問題に対して迅速な対応を要求します。

Thank you for taking time to write and tell us about XX.
XXについてお知らせいただきありがとうございます。

I would be grateful if you could give us some time to consider how to deal with the problem.
この問題の対応策を検討するために、もう少し時間をいただければたいへんありがたく存じます。

Regarding your question, our sales manager will contact you tomorrow.
ご質問に関して、当社の営業課長が明日連絡をいたします。

It seems that there is a misunderstanding between us.
この件に関して誤解があるように思います。

We need to take corrective action on this issue immediately.
本件に関して迅速な是正措置をとる必要があります。

Could you check on this as soon as possible, please?
このことを至急調べてください。

In this situation, we need more time to give you a definite answer.
今の状況では、具体的な返事を差し上げるにはもう少し時間が必要です。

I would appreciate it if you could give me a clear explanation for the accident.
その事故について明確な説明をいただければありがたいです。

Eメール　　　　　　　　　　　　　　　　　　　　**通知する**

サンプルEメール5　確認事項の連絡をする

件名: 電話で話し合ったことの確認

デビッドへ

本日電話で話し合った内容について確認します。

以下をご覧ください。

１．来週月曜日午前９時〜10時に電話会議を行う。
２．来週の金曜日までに第３四半期の売上高の明細書を提出する。

もし他に何かあればお知らせください。

よろしくお願いします。

貴子

【重要語句】

〜の確認	confirmation of 〜
話し合う	discuss
以下をご覧ください。	Please see below:
電話会議	conference call
第３四半期	the third quarter
売上高	sales figures
明細書	statement
提出する	submit

Subject: Confirmation of telephone conversation

David,

I would like to confirm what we discussed on the phone today. Please see below:

1. Have a conference call next Monday from 9a.m. to 10a.m.
2. Submit the statement of the third-quarter sales figures by next Friday.

If there is anything else, please contact me.

Thank you,

Takako

 Toyoko先生のミニ解説

● what we discussed 　私達が話し合ったこと
この what は「〜ということ、もの」を表す、先行詞を含む「関係代名詞」である。「何？」という疑問詞ではない。

- contact　　連絡する

「〜に連絡をする」という場合は、他動詞なので contact の後にすぐに目的語をおく。

- ○　Please contact me by email.　　E メールで連絡してください。
- ×　Please contact to me by email.

確認・許可に関するお役立ちフレーズ

When do you need it by?

いつまでにそれが必要でしょうか？

There is one thing I would like to confirm.

確認したいことが一点あります。

Please let me know if it is possible.

それが可能かどうかお知らせください。

Please let me know if it is acceptable.

それでよろしいかどうかお知らせ願います。

Please let me know if this is OK with you.

これで良いかどうかお知らせください。

I'd like to know your progress of the work I requested last week.

先週依頼した仕事の進捗状況をお知らせください。

Please let me know if you have any questions.
何か質問があればお知らせください。

We would be grateful if you could provide us with your opinion.
何かご意見がございましたら、何卒お聞かせください。

Could you please confirm this right away?
このことを至急確認していただけますか？

Is it OK with you if I come to the office at around 10:30a.m. tomorrow?
明日午前10時30分頃に出社しても良いですか？

Could I have your permission to take a day off next Friday?
来週の金曜日に休みをいただけますか？

I would like to ask you for your approval of the new budget plan.
新しい予算案の承認をいただけますようお願いいたします。

サンプルEメール6　不在の通知をする

件名: 8月11日からオフィスに不在です

皆様へ

8月11日から15日までオフィスに不在です。

その間Eメールは時々チェックできます。

オフィスに戻り次第ご連絡いたします。

よろしく。

貴子

【重要語句】

～に不在です	be out of ～
その間	in the meantime
時々	from time to time
オフィスに戻り次第	when I return to work

Subject: I will be out of the office from August 11th

Dear all,

Please note that I will be out of the office from August 11th to the 15th.

In the meantime, I will be able to check email from time to time.

I will contact you when I return to work.

Thank you,

Takako

 Toyoko先生のミニ解説

- Please note that ～.　　～をご連絡いたします。
  特に「～にご注意ください / ～をご了解ください」という通知によく使われる表現。

■ 不在・移転・その他のお役立ちフレーズ

This is to let you know that I will be on holiday from April 10th to 15th.
私は４月10日から15日まで休暇をとっておりますことを連絡いたします。

We are pleased to announce that we will be moving to a new office as of April 15th.
当社は４月15日付けで新しいオフィスに移転することを連絡いたします。

The following are our new address and phone number:
新しい住所と電話番号は以下の通りです。

Please note that my mobile phone number and email address have changed as follows:
私の携帯電話の番号とＥメールアドレスを以下の通りに変更しましたことをお知らせいたします。

Please be advised that our office will be closed from December 25th through January 5th for the New Year's holiday.
当社は12月25日から１月５日までお正月休みとなります。

My mobile phone will not be available on that day.
その日は私の携帯電話はつながりません。

If you need a quick reply, please contact my colleague, Ms. Tanaka.
至急返事が必要な場合は、同僚の田中さんにご連絡願います。

Coffee Break

Q. 英語でお願いをする表現の "丁寧度の違い" がわかりません。
A. 主なものについて以下にコメントしますね。

【丁寧度ランキング】

1位 **I would be grateful if you could** review the attached proposal.
添付の提案書を見直していただければたいへん嬉しく存じます。
♣すごく丁寧。でもぜったい返事が必要な場合はソフトすぎるかも。

2位 **I would appreciate it if you could** review the attached proposal.
添付の提案書を見直していただければ幸いです。
♣とても丁寧。でも I would be grateful と同様に、ぜったい返事が必要
な場合はソフトすぎるかも。

3位 **Could you** review the attached proposal?
添付の提案書を見直していただけますでしょうか?
♣適度に丁寧で無難な表現。

- **ニュートラルな表現**
Please review the attached proposal.
添付の提案書を見直していただけますようお願いします。

- **やや業務命令的な表現**
I would like you to review the attached proposal.
添付の提案書を見直してください。

英語は日本語ほど敬語が複雑ではないけれども、ビジネスであまりにカ
ジュアルな表現は印象が悪い時もあるし、丁寧に伝えるべき時もあります。
でも、いつでも低姿勢、丁寧であれば良いとはいえません。

Coffee Break

Q．英語でお詫びをする表現の "丁寧度の違い" がわかりません。
A．主なものについて以下にコメントしますね。

【丁寧度ランキング】　　*以下の we は I になることもあります。
1位 ●**We sincerely apologize** for any inconvenience this may cause you.
本件でご迷惑をおかけしますこと、誠に申し訳ございません。

♣実際に迷惑をかけたかどうかはわからないが、あらかじめお詫びをしておくための、丁寧なお詫び表現。

　　　●**We sincerely apologize** for the inconvenience this has caused you.
本件でご迷惑をおかけしてしまい誠に申し訳ございません。

♣実際に迷惑をかけてしまった場合の丁寧なお詫び表現。

2位　**We apologize** for the inconvenience.
ご迷惑をおかけして申し訳ございません。

♣実際に迷惑をかけたかどうかわからない場合も、迷惑をかけてしまった場合も、どちらでも使える適度に丁寧なお詫び表現。

3位　**We are sorry** for the inconvenience.
ご迷惑をおかけして申し訳ありません。

♣2位とほぼ同じ表現。カジュアルにも丁寧にも使える。

4位　**Sorry** for the inconvenience.
ご迷惑をおかけして申し訳ないです。　　　　　　　　♣カジュアルな表現。

　Please accept our (my) sincere apologies. 「心からお詫び申し上げます。」も丁寧表現。お詫びのメールの結びでよく使われます。

Coffee Break

(1) 連絡をしてください。

× Please contact <u>to me</u>. → ○ Please contact <u>me</u>.

(2) 〜してください。

× I would <u>like to</u> send the file. → ○ I would <u>like you to</u> send the file.

*前の文では「私がファイルを送りたい」になる。後ろの文は「あなたにファイルを送ってほしい」となり正解。

(3) 何か質問があれば

× If you have any <u>question</u> → ○ If you have any <u>questions</u>

(4) 以下の通り

× as <u>following</u> → ○ as <u>follows</u>

(5) その件をあなたと話し合う

× <u>discuss about</u> the matter with you

↓

○ <u>discuss</u> the matter with you

(6) 苦情に対応する

× deal with <u>claims</u> → ○ deal with <u>complaints</u>

*日本語では、苦情を「クレーム」と言うが、英語では complaint である。英語の claim は「主張（する）、要求（する）」という意味。

注文をするEメールのひな型

日本語版ひな型

① **件名:** <u>商品番号543</u>**の注文**

② <u>パーマー様</u>

③ **以下の注文をいたします。**

④ <u>商品番号</u>: 543
<u>数量</u>: 30
<u>合計金額</u>: ＄1,400

⑤ **本注文の受領を確認願います。**

⑥ <u>敬具</u>

⑦ <u>島村 東世子</u>

・内容にあわせて＿＿＿の部分に適した言葉を入れてください。

・下記のひな型は一例です。他にも色々な表現があります。

英語版ひな型

① **Subject: Order for** No.543

② Dear Mr. Palmer**,**

③ **I would like to place the following order:**

④ Item No.: 543
   Quantity: 30
   Total price: $1,400

⑤ **Please confirm receipt of this order.**

⑥ Best regards**,**

⑦ Toyoko Shimamura

Eメール

サンプルEメール1　注文をする

件名: 商品番号543の注文

パーマー様

以下の注文をいたします。

商品番号: 543
色: 黒
数量: 30
合計金額: 1,400米ドル

商品の到着がいつになるかお知らせいただけますでしょうか？

本注文をご確認ください。

敬具

島村　東世子

【重要語句】

〜の注文	order for 〜
商品番号	item number
数量	quantity
合計金額	total price, total amount due
確認する	confirm

Subject: Order for #543

Dear Mr. Palmer,

I would like to place the following order:

Item No.: 543
Color: Black
Quantity: 30
Total Price: US$1,400

Could you let me know when we will receive the goods?

Please confirm this order.

Regards,

Toyoko Shimamura

 **Toyoko先生のミニ解説**

● I would like to place the following order:
以下の注文をいたします。
「注文する」はplace an order ～と表現する。また、orderは「注文、注文をする」の両方の意味がある。
例　I would like to order XX.　　「XXを注文いたします。」

● Please confirm this order.
本注文をご確認ください。
please confirm ～ は「～をご確認ください」という意味を表す。
Please confirm. だけでも「ご確認ください。」という意味で使える。

■発注・受注に関するお役立ちフレーズ

I would like to order XX as follows:
以下の通りXXを注文いたします。

We are placing an order for 100 items of XX with you.
御社に100個のXXを注文いたします。

We would like to place regular orders with you.
定期的に注文をしたいと思います。

Please send us the goods by air.
商品は航空貨物でお送りください。

Please acknowledge your receipt of this order.

本注文を受領されたことをお知らせください。

Please fax our order confirmation to the following number today or tomorrow.

今日か明日中に、注文確認書を以下の番号へFAXしてください。

We need to change the order dated January 25th. We ordered 100 pieces of XX, but could I change to 80 pieces?

1月25日付けの注文を変更願います。XXを100個注文しましたが、80個に変更願います。

Thank you very much for your order.

ご注文ありがとうございます。

We are pleased to accept your order.

ご注文を確かにうけたまわりました。

Thank you very much for your order dated November 5th.

11月5日付けのご注文をありがとうございます。

■発送・受領に関するお役立ちフレーズ

The products you ordered will be shipped within a week by airfreight.
ご注文の商品は１週間以内に航空貨物にて出荷いたします。

They should be arriving by the end of this month.
今月末までには到着する予定です。

We are pleased to inform you that your order was shipped by sea on May 15th.
ご注文の商品を５月15日に船便で出荷しましたこと連絡いたします。

Please let me know when you receive the goods.
商品をお受け取りになったらご一報ください。

We have received the goods on May 15th.
５月15日に商品を受け取りました。

This is to inform you that we have received your shipment of order No.123 today.
注文番号123の荷物を本日受け取りましたことをお知らせいたします。

We greatly appreciate your prompt delivery.
迅速に出荷いただき感謝しております。

The goods arrived in good condition.
商品は無傷で到着いたしました。

Coffee Break

Q1：冒頭に「いつもお世話になっております」の文や、季節の挨拶を書くべきでしょうか？

A．日本文化特有の儀礼文や季節の挨拶を書く必要はありません。
「桜が美しく春まっさかりの今日この頃〜」などの表現をそのまま英語になおして書いたら、あなたは「詩人」だと思われるかも？
（儀礼文に関してはP19を参照）

Q2：ビジネスで依頼をする時に、無難な表現は何ですか？

A．依頼の表現はたくさんあります。私は初心者の方には、まず Could you 〜? と Please 〜 を使えるようになることをおすすめしています。ニュアンス的には、Please 〜 よりも Could you 〜? の方が丁寧です。

I would like you to 〜「（直訳）あなたに〜してほしい」という表現は、場面によりOKですが、ニュアンスとして、それをお願いして当然な場合や、上司が部下に依頼する時によく使われる表現であることを覚えておいてください。（本書中の"丁寧な表現ランキング！"P125を参照）

Q3：主語をIにするのとWeにするのはどういう違いがありますか？

A．I は自分の立場での意思を表し、We は会社を代表した立場を表します。つまり We の場合は、会社全体の意思を表すニュアンスがあります。適宜、使い分けると良いでしょう。

返信Eメール "受注のお知らせ"

件名: ご注文をありがとうございます

島村様

ご注文いただき、誠にありがとうございました。

ご注文の詳細は以下の通りです。

商品番号: 543
色: 黒
数量: 30
合計金額: 1,400米ドル

商品の発送確認メールを受け取っていただくには、3〜7営業日
いただけますようお願いいたします。

ご注文の追跡には、ここをクリックしてください。

http://www.xxx.com/tracking

重ねてお礼を申し上げます。

敬具

スティーブ パーマー

【重要語句】

ご注文の詳細	breakdown of your order
発送確認メール	shipping confirmation email

・P130-131のサンプルEメール1に対する返信Eメールです。＜確認＞

Subject: Thank you for your order

Dear Ms. Shimamura,

Thank you very much for your order.

The breakdown of your order is as follows:

Item No.: 543
Color: Black
Quantity: 30
Total Price: US$1,400

Please allow 3-7 business days to receive a shipping confirmation email.

To track your order, click here:

http://www.xxx.com/tracking

Thank you again.

Best regards,

Steve Palmer

 Toyoko先生のミニ解説

● Please allow 3-7 business days to ～.
　～するには営業日で３日から７日間いただくことをお許しください。
　business daysは「営業日」、allowは「許す、許可する」という意味。

返信Eメール "在庫切れの通知とお詫び"

Re: 商品番号543の注文

島村様

残念ながら、現在のところ商品番号543は在庫切れであることをお伝えいたします。

10月15日までには入荷します。

今ご注文をいただけますと10月20日までには商品をお受け取りいただけるでしょう。

この時期は台風のため、商品の到着が２日から３日遅れる場合がありますことをご了承ください。

お返事をお待ちしております。

敬具

スティーブ パーマー

【重要語句】

在庫切れである	be out of stock
入荷する	be available
〜であることをご了承ください。	Please note that 〜.

Re: Order for #543

Dear Ms. Shimamura,

We are sorry to inform you that the product No.543 is out of stock at the moment.

It will be available by October 15th.

If you place your order now, you will be able to receive them by October 20th.

Please note that the delivery might be delayed for another 2-3 days due to a typhoon around this time of the year.

I hope to hear from you soon.

Best regards,

Steve Palmer

 Toyoko先生のミニ解説

● The delivery might be delayed for another 2-3 days due to a typhoon.
台風のため、配送は2日から3日遅れるかもしれない。
「遅れる」はbe delayedと受動態の形であることに注意。

アポイントメントをとるEメールのひな型

日本語版ひな型

① **件名:** アポイントメントの依頼

② パーマー様

③ 御社のセキュリティーシステムについてもっと詳しくおうかがいしたいと思います。

④ 来週のいつかにお目にかかれますでしょうか？

⑤ **もしご都合よろしければ、**いつがよろしいかを**お知らせください。**

⑥ **お返事お待ちしています。**

⑦ 敬具

⑧ 島村 東世子

・内容にあわせて＿＿の部分に適した言葉を入れてください。

・下記のひな型は一例です。他にも色々な表現があります。

英語版ひな型

① **Subject:** <u>Request for appointment</u>

② <u>Dear Mr. Palmer</u>,

③ **I would like to** <u>ask you about your security system in more detail.</u>

④ **Would it be possible to meet with you** <u>sometime next week</u>?

⑤ **If your schedule permits, please let me know** <u>when would be convenient for you.</u>

⑥ **I look forward to hearing from you soon.**

⑦ <u>Best regards</u>,

⑧ <u>Toyoko Shimamura</u>

サンプルEメール1　アポイントメントの依頼

件名: アポイントメントの依頼

スティーブへ

A-1プロジェクトの実行可能性を話し合いたいと思います。

私は10月30日から11月8日まで、ボストンに出張する予定です。

そこに滞在中のどこかの時点で、お目にかかることは可能でしょうか？

もしスケジュール的に可能であれば、ご都合の良い日をお知らせください。

お返事をお待ちしております。

敬具

島村　東世子

【重要語句】

〜の依頼	request for 〜
実行可能性	feasibility
出張で	on business
（私の）滞在中のどこかの時点で	sometime during my stay

Subject: Request for appointment

Dear Steve,

I would like to discuss the feasibility of A-1 project with you.

I will be in Boston on business from October 30th until November 8th.

Would it be possible to meet with you sometime during my stay there?

If your schedule permits, please let me know what date would be good for you.

I look forward to hearing from you soon.

Best regards,

Toyoko Shimamura

- **I would like to discuss the feasibility ～.**
  実行可能性を話し合いたいと思います。
  discuss は他動詞なので、後にすぐ目的語をおく。discuss about ～ は間違い。

- **Would it be possible to meet with you ～?**
  お目にかかることは可能でしょうか？
  Would it be possible ～？は依頼をする時の丁寧な表現である。meet with ～は「約束をして～と会う」というニュアンスがある。with がなくても可。

- **if your schedule permits**　　あなたのスケジュールの都合がつけば
  使いやすくてビジネスらしい表現である。カジュアルに表現すると if it's OK with you「それでＯＫであれば」となる。

■ ビジネスアポイントメント・出張のお役立ちフレーズ

Please let me know when would be a good time for you.
いつがご都合よろしいかをお知らせください。

Would it be possible to meet with you sometime during my stay there?
そこに滞在中のいつかにお目にかかることはできますでしょうか？

I would like to meet with you if you have time.
お時間があれば、お目にかかりたいと思います。

If it is not convenient for you, please let me know the date and time you prefer.
もしこの時間がご都合悪ければ、あなたの都合の良い日と時間をお知らせください。

If your schedule permits, please let me know what date is good for you.

スケジュール的に可能であれば、ご都合のよろしい日をお知らせください。

For the details of the travel plan, please refer to the attached itinerary.

予定の詳細は、添付の旅行日程をご参照ください。

Could you arrange hotel accommodation in XX area for me?

XX地域でホテルをどこか予約していただけないでしょうか？

That would be no problem.

大丈夫だと思います。

I was wondering if you could select any other day.

他の日を選んでいただけないでしょうか？

Please let me know your preference for accommodation.

宿泊先に関するご希望をお知らせください。

I will pick you up at the airport, so please let me know your flight schedule.

空港に迎えに行きますので、あなたのフライトスケジュールをお知らせください。

Eメール

アポイントメントをとる

返信Eメール "空いている日の通知"

件名: 私の都合の良い日

島村さんへ

あなたがボストンに来られると聞き、大変嬉しく思います。

11月5日か6日であれば、私にとって理想的です。

どちらのホテルに滞在予定ですか？

ディナーのために、近くのレストランを調べてみます。

どんな食事や雰囲気がご希望ですか？

お会いできるのを楽しみにしています。

敬具

スティーブ

【重要語句】

近くの	nearby
調べる	look up 〜
雰囲気	atmosphere

・P142-143のサンプルEメール1に対する返信Eメールです。＜承諾＞

Subject: My availability

Dear Shimamura-san,

I am pleased to hear that you'll be visiting Boston.

November 5th or 6th would be ideal for me.

Which hotel will you be staying at?

I will look up nearby restaurants for dinner.

Which kind of food or atmosphere do you enjoy?

I look forward to seeing you soon.

Best regards,

Steve

 Toyoko先生のミニ解説

● November 5th or 6th would be ideal for me.
11月5日か6日であれば、私にとって理想的です。
5th と th をつける方がより良い。would は「理想的だと思う」と推測
しているニュアンス。

Eメール

アポイントメントをとる

返信Eメール "オンラインでの打ち合わせの提案"

件名: オンラインでの打ち合わせ

島村さんへ

残念ながら、その期間は出張で香港に行く予定です。

代わりに、オンラインで打ち合わせをすることは可能でしょうか?

もしそれでよろしければ、あなたが通常使用されているアプリケーションをお知らせください。

私は、火曜日と水曜日は何時でも都合がつきます。

お返事をお待ちしております。

敬具

スティーブ

【重要語句】

代わりに	instead
オンラインで打ち合わせをする	have an online meeting
もしそれでよろしければ	if that's acceptable

148

・P142-143のサンプルEメール1に対する返信Eメールです。＜代替え案を提示＞

Subject: Online meeting

Dear Shimamura-san,

Unfortunately, I will be on a business trip to Hong Kong during the period you mentioned.

Can we have an online meeting instead?

If that's acceptable, please let me know which application you normally use.

I will be available anytime on Tuesday and Wednesday.

Hope to hear from you soon.

Best regards,

Steve

 Toyoko先生のミニ解説

● during the period you mentioned
あなたが言った (指定した) 期間
「その期間」は during that time や during that period という表現もある。

お礼を言うEメールのひな型

日本語版ひな型

① **件名:** 色々とありがとうございました

② パーマー様

③ サンノゼ滞在中は色々とお世話になり**ありがとうございました。**

④ あなたのしてくださったことすべてに対して、**本当に感謝しています。**

⑤ 日本にお見えの際はぜひお立ち寄り**ください。**

⑥ **重ねてお礼を申し上げます。**

⑦ 敬具

⑧ 島村 東世子

・内容にあわせて＿＿の部分に適した言葉を入れてください。

・下記のひな型は一例です。他にも色々な表現があります。

英語版ひな型

① **Subject: Thank you for** everything

② Dear Mr. Palmer,

③ **Thank you for** all your help during my stay in San Jose.

④ **I really appreciate** everything you did for me.

⑤ **Please** come and visit me if you are visiting Japan.

⑥ **Again, thank you very much.**

⑦ Best regards,

⑧ Toyoko Shimamura

■ お礼のお役立ちフレーズ

Thank you for everything.
色々とありがとうございました。

Thank you for your inquiry.
お問い合わせをありがとうございます。

Thank you for inviting me.
ご招待ありがとうございます。

Thank you very much for your help.
ご助力いただきありがとうございます。

Thank you for your hospitality.
おもてなしをいただきありがとうございました。

Thank you for your cooperation.
ご協力ありがとうございます。

Thank you for the helpful advice.
参考になるご意見をいただきありがとうございました。

Thank you for your understanding.
ご理解いただきありがとうございます。

Thank you for your hard work.
一生懸命に仕事をしてくださってありがとうございます。

I really appreciate it.
本当に感謝しています。

Thank you for taking time out of your busy schedule.
お忙しいところをお時間をいただきありがとうございました。

Thank you for giving me the opportunity to meet with you.
お目にかかる機会をいただきありがとうございました。

Thank you very much for everything you did for me during my stay in XX.
XX滞在中は色々とお世話になり本当にありがとうございました。

Thank you for all the advice and help you gave me.
あなたからのご意見やご助力に感謝いたします。

Thank you for the splendid dinner on July 21st.
７月21日に素晴らしいディナーにご招待をいただきありがとうございました。

Eメール

お礼を言う

サンプルEメール1　訪問後のお礼

件名: お時間をいただきありがとうございました

パーマー様

お目にかかる機会をいただきありがとうございました。

とても有意義な話し合いとなり、御社との良い取引関係を築くことを切に希望いたします。

ご依頼の通り、御社向けの提案書を添付いたします。

ご都合のよろしい時に、それに関するご意見をいただき、実行可能性について話し合うことができれば幸いです。

重ねてお礼を申し上げますとともに、お返事お待ちしております。

敬具

島村　東世子

【重要語句】

有意義な	meaningful
～と良い取引関係を築く	establish a good business relationship with ～
ご依頼の通り	as requested
提案書	proposal
ご都合のよろしい時に	at your earliest convenience
～に関するご意見をいただく	receive feedback on ～
実行可能性	feasibility

Subject: Thank you for your time

Dear Mr. Palmer:

Thank you very much for giving me the opportunity to meet with you.

Our discussion was very meaningful and I hope to establish a good business relationship with you.

As requested, I have attached our proposal for your company.

I would appreciate it if we could receive feedback on it and discuss the feasibility at your earliest convenience.

Again, thank you very much and I look forward to receiving your reply soon.

Sincerely,

Toyoko Shimamura

 **Toyoko先生のミニ解説**

● **Again, thank you very much.** 　　重ねてお礼を申し上げます。
同じ意味をカジュアルに表現すると Thanks again.

挨拶・社交・誘うのお役立ちフレーズ

Hello. My name is Toyoko Shimamura from XX.
はじめまして。私はXX社の島村東世子です。

Hello. I'm Takako, the manager at the Accounting Department of
XX.
こんにちは。私はXX社の経理部マネージャーのたかこです。

Hi XX, this is Haruko. How are you?
こんにちはXXさん、はるこです。お元気ですか？

Hope you are doing well.
お元気でお過ごしでしょうね。

I hope all is well with you.
万事順調にお過ごしのことと存じます。

How did you do over the weekend?
週末はどうしておられましたか？

It's been a long time. How's everything going?
お久しぶりです。近況はいかがですか？

I am happy to get in touch with you again.
また連絡できて嬉しいです。

Did you have a good flight?
飛行機の旅は快適でしたか？

Please come and visit me if you are visiting Japan.
日本におこしの際はお立ち寄りください。

Please say hello to XX.
XXさんによろしく。

Please give my best regards to your family.
ご家族によろしくお伝えください。

The information you gave me was very helpful.
あなたからいただいた情報はたいへん役に立ちました。

The meeting was very meaningful.
ミーティングはとても意義深いものでした。

Your presentation was very impressive and informative.
あなたのプレゼンテーションはとても印象深く参考になりました。

I had a wonderful time at the party.
パーティーでは素晴らしい時を過ごすことができました。

I have learned a lot from this trip.
このたびの出張で多くのことを学ぶことができました。

I would like to ask you to go out for dinner during my stay there.
私がそちらに滞在している間に、夕食でもご一緒したいです。

Please accept our invitation to have dinner with us.
夕食にご招待いたしますのでぜひおこしください。

I was wondering if you would like to go out for dinner tomorrow.
明日ディナーをご一緒できますでしょうか？

Let's go for a drink sometime next week.
来週のいつか飲みにいきましょう。

Please let me know if there is anything special you'd like to have.
何か食べたいものがあれば教えてください。

We sincerely hope you will be with us.
ぜひご一緒できればありがたいです。

Thank you very much for inviting me.
ご招待ありがとうございます。

It sounds great. I'd love to.
それはいいですね。ぜひ。

I am pleased to accept the invitation.
喜んでご招待をお受けします。

I am excited about being with you.
ご一緒できますことを楽しみにしています。

I'm sorry I can't make it on that day.
すみませんが、その日は都合がつきません。

I am sorry that I will not be able to attend because I have a prior appointment.
申し訳ないのですが、先約があるため出席できません。

You might be tired from the trip, but I was wondering if you would like to go for sightseeing with us tomorrow.
お疲れかもしれないのですが、明日観光にご一緒できますでしょうか？

Please let me introduce myself.
自己紹介いたします。

I recently joined ABC Inc. as a sales manager.
このたび、ABC社に営業課長として入社いたしました。

I look forward to developing a good working relationship with you to achieve our goals.
目標達成をめざして、皆様と良い仕事関係を築けることを楽しみにしています。

I will be transferred to the Osaka branch as of April 5th.
4月5日付けで大阪支店へ転勤になります。

I am going to leave ABC Inc. on March 20th.
3月20日でABC社を退職します。

I am succeeding Mr. XX as a marketing manager as of April 1st.
私は4月1日付けでXX氏の後任となり、マーケティングマネージャーとなりました。

Thank you for your cooperation and support over the past ten years.

10年の間、ご協力とご支援をいただき誠にありがとうございました。

Welcome to our company, ABC Inc. We extend you a hearty welcome.

ABC社へようこそ。心から歓迎いたします。

I would like to extend my best wishes for a happy and healthy retirement.

あなたの退職後の幸福と健康を願っています。

Eメール

返信Eメール "次のミーティングの依頼"

件名: ミーティングの予定

島村様

提案書をご送付いただき、ありがとうございます。

来週の水曜日か木曜日に、直接会ってお話ししたいと思います。

当社のオフィスに午後３時でいかがでしょうか？

その際に、上司のデビッドを紹介させてください。

また、御社の商品XXのサンプルをお持ちください。

よろしくお願いいたします。

スティーブ パーマー

【重要語句】

〜でいかがでしょうか？	How about 〜?
その際に	then
〜をあなたに紹介する	introduce you to 〜

・P154-155のサンプルEメール1に対する返信Eメールです。＜承諾＞

Subject: Meeting schedule

Dear Ms. Shimamura,

Thank you for sending us the proposal.

I would like to discuss it with you in person on Wednesday or Thursday next week.

How about 3p.m. at our office?

I will introduce you to our boss David, then.

Could you also bring a sample of your product, XX with you?

Thank you and best regards,

Steve Palmer

 Toyoko先生のミニ解説

● discuss in person　直接会って話し合う
in personをつけると「直接会う」という意味がより明確になる。
meet in person「直接会う」という表現もある。

返信Eメール "契約見送りの通知"

Re: お時間をいただきありがとうございました

島村様

提案書をありがとうございます。

プロジェクトチームのメンバーとの慎重な審議の結果、残念ながら、御社からいただいたご提案を進めることができないことをお伝えいたします。

また別の機会がありましたら、今後御社と取引ができればと存じます。

お時間をいただき、重ねてお礼申し上げます。

敬具

スティーブ パーマー

【重要語句】

| 慎重な審議の結果 | after careful deliberation |
| ～を進める | go ahead with ～ |

・P154-155のサンプルEメール1に対する返信Eメールです。＜断る＞

Re: Thank you for your time

Dear Ms. Shimamura,

Thank you very much for the proposal.

After careful deliberation with the members of our project team, we regret to inform you that we are not able to go ahead with the proposal you offered.

If another opportunity presents itself, we would like to do business with you in the future.

Again, thank you very much for your time.

Sincerely,

Steve Palmer

 Toyoko先生のミニ解説

- after careful deliberation　　慎重な審議の結果
  お断りする際に使う表現。

- if another opportunity presents itself　また別の機会がありましたら
  if there is another opportunity や、if another opportunity arises
  でも良い。

言いにくいことを言う その1
お詫びをしてからお願いをする

Eメール

お詫びをしてからお願いをするEメールのひな型

日本語版ひな型

---

① **件名:** <u>時間変更のお願い</u>

② <u>パーマー様</u>

③ **誠に申し訳ないのですが**<u>明日予定していた電話会議に出られなくなりました。</u>

④ <u>緊急事項に対応しないといけない</u>**ので**、<u>時間を1時から4時に変更</u>**していただけないでしょうか?**　注1

⑤ <u>不都合</u>**をお詫びいたします。**

⑥ <u>このこと</u>**をご了解いただけるかどうかお知らせください。**注2

⑦ <u>敬具</u>

⑧ <u>島村 東世子</u>

注1、注2　お詫びだけを伝える場合は、④と⑥の文を省く。

166

・内容にあわせて＿＿の部分に適した言葉を入れてください。

・下記のひな型は一例です。他にも色々な表現があります。

英語版ひな型

① **Subject:** Request to change the appointed time

② Dear Mr. Palmer:

③ **I am sorry** to inform you that I am unable to have our scheduled conference call tomorrow.

④ **Since I** have an urgent matter to attend, **could you** change the time from 1p.m. to 4p.m.? 注1

⑤ **I apologize for** the inconvenience.

⑥ **Please let me know if** this **is acceptable.** 注2

⑦ Sincerely,

⑧ Toyoko Shimamura

■約束・日程に関するお詫び・変更依頼のお役立ちフレーズ

I'm sorry that I will not be available on May 15th because of my previous appointment.

残念ですが、5月15日は先約があるため都合がつきません。

I am sorry that I have another business engagement at the time you mentioned.

申し訳ないのですが、ご指定の時間にはすでに他の用事が入っております。

I'm sorry that I have to cancel the appointment at the last minute.

直前に約束をキャンセルして誠に申し訳ございません。

I regret to inform you that I have to cancel our appointment on May 10th.

申し訳ありませんが、5月10日のお約束をキャンセルしなくてはなりません。

Unfortunately, we have to ask you to modify your itinerary.

申し訳ございませんが、旅行の日程を修正してください。

I am afraid that I'm not available on December 10th.

残念ながら12月10日はお会いできません。

I'm sorry that I will be out of the office on the date you
mentioned.
残念ながら、あなたのおっしゃった日には私は社内におりません。

I would appreciate it if we could reschedule the meeting to next
week.
ミーティングを来週に変更していただければ幸いです。

I would appreciate it if you could change the time of our meeting
tomorrow.
明日のミーティングの時間を変更していただけますでしょうか？

I am sorry that I am unable to attend the meeting due to an
urgent matter.
申し訳ないのですが、緊急の用件のためミーティングに出席できません。

サンプルEメール1　支払い日延期を依頼する

件名: 支払日延期の依頼

パーマー様

（御社請求書番号123の）残額を5月10日までに支払わねばならないことは承知していますが、支払い期限を7月10日に変更していただくことは可能でしょうか？

本当に申し訳ございません。

この件に対してご理解いただければ幸いです。

良いお返事をお待ちしています。

敬具

島村　東世子

【重要語句】

延期する	postpone
支払い残高	balance of account
締め切りを変更する	reschedule the deadline
本当に申し訳ございません。	Please accept our apologies.
～をいただけたら幸いです。	We would appreciate ～.

Subject: Request to postpone payment

Dear Mr. Palmer,

We understand that the balance of our account (your invoice No.123) should be paid by May 10th, but would it be acceptable to reschedule the deadline to July 10th?

Please accept our apologies.

We would appreciate your understanding in this matter.

We look forward to receiving a reply from you soon.

Sincerely,

Toyoko Shimamura

- We understand that 〜.

  〜と理解しています。

  understood と過去形にすると、過去のある時期のみに理解していた意味が強くなるので、この場合は現在形で良い。

- Would it be acceptable to 〜?

  〜をご了解いただけないでしょうか？

  丁寧な依頼表現である。丁寧に依頼する必要があるので Can you 〜？などのカジュアルな依頼表現は適切ではない。ただし、ビジネス E メールであっても相手や状況によってカジュアルな表現は使用可能である。

■ 支払いの延期に関するお役立ちフレーズ

This is to remind you that your payment is overdue.

支払いが期限を過ぎていることをお知らせします。

We must ask you to remit the payment at once.

至急お支払いを送金願います。

This is to remind you that the payment of $1,000, invoice No.123 is overdue.

請求書番号123の1,000ドルの支払いが未納です。

We regret to inform you that we haven't received the payment that was due on August 21st.

残念ながら、8月21日期限の支払いを受け取っておりません。

We have decided to accept your request to postpone the payment for invoice No.123.
請求書番号123の支払い延期についてのご要望を承諾いたします。

Regrettably, we are unable to extend the due date at this time.
残念ながら、今回は支払日を延期することはできません。

Please disregard this reminder if you have already made payment.
すでにお支払いをされている場合はこの連絡は無視してください。

Unfortunately, shipping charges are not refundable.
残念ながら送料は返金できません。

Please accept our apologies for the delay.
遅れましたことお詫びいたします。

We apologize for our delay in settling the invoice.
この請求書の支払いが遅れて申し訳ございません。

Would it be acceptable to reschedule the deadline to July 10th?
支払い期限を7月10日に変更していただくことは可能でしょうか？

We would be most grateful if you could extend the payment due date for invoice No.123.
請求書番号123の支払日を延期していただけますよう何卒お願い申し上げます。

Eメール

サンプルEメール2　値引きを依頼する

件名: 大量注文の価格

パーマー様

８月21日に見積もりを受け取りました。しかし、予想していたよりもずっと値段が高いです。

大量注文には割引をしていただけないでしょうか？

早急のお返事をお願いいたします。

ご検討をお願いします。

敬具

島村　東世子

【重要語句】

大量注文	large order
割引	discount
～をお願いいたします。	I would appreciate ～.
ご検討をお願いします。	Thank you for your consideration.

Subject: Price for large quantities

Dear Mr. Palmer,

We received your quotation on August 21st.

However, the price is much higher than we expected.

Could you give us a discount for a large order?

I would appreciate your prompt reply.

Thank you for your consideration.

Sincerely,

Toyoko Shimamura

 Toyoko先生のミニ解説

● However, the price is much higher than we expected.
しかし、予想していたよりもずっと値段が高いです。
however は but のフォーマル形である。また much＋比較級で「ずっと（もっと）〜である」という意味を表す。
例　much better　　はるかに良い

値引きの依頼に関するお役立ちフレーズ

Could you please consider a discount?
値引きをご検討いただけないでしょうか？

We examined your quotation and found the price is rather expensive.
お見積もりを検討させていただきましたが、この価格ではいく分高いと思います。

I would appreciate it if you could give us a more competitive price on XX.
XXのお値段をもう少し安くしていただけないでしょうか？

We would like to request a 5% discount.
5％の割引をお願いいたします。

We have decided to accept your request.
ご要望におこたえすることにいたしました。

A discount is provided for large orders.
大量注文には割引が適用されます。

Unfortunately, we are not able to offer any more discount because the price is already very competitive.
その価格はすでにかなりお安くなっていますので、残念ながらこれ以上の割引はできません。

 **Coffee Break**

☆ seem , look, appear
「〜のようだ」「〜のように見える、思える」を使ってみましょう。

seem

It is a complicated situation.	複雑な状況です。
It seems a complicated situation.	複雑な状況のようです。

look

Everything is good.	すべて良好です。
Everything looks good.	すべて良好のようです。

appear

He knows the fact.	彼は事実を知っている。
He appears to know the fact.	彼は事実を知っているようです。

*seem, look, appear はほぼ同じ意味ですが、下記のニュアンスを含みます。

・seem は客観的事実と、主観的印象の両方で使える

・look は視覚的な印象や外面的な印象を表す場合によく使われる

・appear は外面的にそう見えるというニュアンスを含む

返信Eメール "値引き承諾の通知"

件名: 大量注文の割引

島村様

良いお知らせです！御社の大量注文には割引を適用することといたしました。

商品代金から5％と、さらに送料から10％をお値引きいたします。

添付の新しい見積もりで、改訂された価格をご確認ください。

注: 割引を受けるためには、注文書に新しい注文番号を必ず記入してください。

ご注文をお待ちしております。

敬具

スティーブ パーマー

【重要語句】

～に割引を適用する	offer you a discount for ～
～から5％お値引きする	apply a 5% discount to ～
改訂された価格	updated price

・P174-175のサンプルEメール2に対する返信Eメールです。＜承諾＞

Subject: Large order discount

Dear Ms. Shimamura,

Good news ! We have decided to offer you a discount for your large order.

We applied a 5% discount to the total price, plus an additional 10% discount to the shipping charge.

Please check the updated price in the attached new quotation.

Note: Please be sure to fill the new order number in the form to receive the discount.

We look forward to receiving your order.

Sincerely,

Steve Palmer

 Toyoko先生のミニ解説

● please be sure to 〜　　必ず〜してください
please make sure to 〜 も同じ意味だが、一度お願いしたことを再度、念押しして「必ず〜してください（〜であることを確認してください）」という場合はmake sureを使う方がより適切。

返信Eメール "値引きを断る通知"

Re: 大量注文の価格

島村様

残念ながら、今回は大量注文の値引きをご提供することはできません。

実際のところ、今年のはじめから原材料コストの高騰が続いているにもかかわらず、現在の価格は去年に比べて低くなっております。

ご理解に心から感謝いたしますとともに、注文をお待ちしております。

敬具

スティーブ パーマー

【重要語句】

〜に値引きを提供する	provide a discount for 〜
原材料コストの高騰	rising cost of material
〜にもかかわらず	despite 〜
現在の価格	current price

· P174-175のサンプルEメール2に対する返信Eメールです。＜断る＞

Re: Price for large quantities

Dear Ms. Shimamura,

Unfortunately, we are unable to provide a discount for your large order at this time.

In fact, the current price is lower compared with that of last year, despite the rising cost of material since the beginning of this year.

Thank you for your understanding, and we look forward to your order.

Sincerely,

Steve Palmer

 Toyoko先生のミニ解説

● compared with ～   ～と比較して
compared to でも良い。compared with は同質の物を比べる時、compared to は異質のものを比べる時により適切ですが、基本的にどちらでもOK。in comparison to ～ も同じ意味。

 Coffee Break

Subject: Get well soon !

Steve,

I am sorry to hear that you have a bad cold.

I know you have been on a tight schedule, but please relax and don't think about work on your days off.

I am wishing you a speedy recovery.

Take care,

Takako

日本語訳 件名: 早く良くなりますように！

スティーブ

ひどい風邪をひいたとはお気の毒です。

ずっときついスケジュールであることは知っていますが、お休みの日は仕事のことを考えずにリラックスしてくださいね。

早いご回復をお祈りしています。

気をつけて。

たかこ

 Toyoko先生のミニ解説

- **I am sorry to hear 〜**　　〜を知り気の毒に思っています。
  I am sorry は「すみません」というお詫びの意味以外に「〜を気の毒に思う」という意味がある。
  例　I am sorry to hear that you are not feeling well.
  　　体調が悪いとはお気の毒です。

■お見舞いのお役立ちフレーズ

Please take good care of yourself.
お体大切になさってください。

I'm sorry to hear that you have a bad cold.
ひどい風邪を引いておられると知りお気の毒に思います。

I know you have been on a tight schedule.
ずっときついスケジュールでしたね。

Please relax and don't think about work on your days off.
リラックスしてお休みの日は仕事のことを考えないようにしてください。

I wish you a speedy recovery.
早いご回復をお祈りします。

I hope you will recover soon.
早く良くなってください。

I'm glad to hear that you are getting better.
あなたが快方に向かっていると知り嬉しいです。

Thank you for your concern.
心配してくれてありがとう。

I have been overworking for weeks.
ここ数週間働きすぎです。

I feel much better.
だいぶ具合が良くなりました。

苦情＋対応／断り＋理解を求めるEメールのひな型

日本語版ひな型

① **件名:** 注文番号123の配送に関する問い合わせ

② パーマー様

③ **残念ながら**10月7日現在、注文した製品（注文番号123）が、まだ届いておりませんこと**をお知らせします。**

④ 荷物は10月5日までに到着する予定だった**ので、**いつ荷物を受け取ることができるのかを至急お知らせ**ください。**

⑤ 敬具

⑥ 島村 東世子

· 内容にあわせて＿＿の部分に適した言葉を入れてください。

· 下記のひな型は一例です。他にも色々な表現があります。

英語版ひな型

① **Subject:** Inquiry about delivery of #123

② Dear Mr. Palmer,

③ **We regret to inform you** that the products we ordered, order No.123 have not arrived as of October 7th.

④ **Since** they were supposed to be here by October 5th, **please** let us know when we will receive them as soon as possible.

⑤ Regards,

⑥ Toyoko Shimamura

言いにくいことを言う　その2
苦情＋対応を求める　断り＋理解を求める

Eメール

サンプルEメール1　納期の遅れに苦情を言う

件名: 注文番号123の配送に関する問い合わせ

パーマー様

残念ながら、注文した製品、注文番号123が10月7日現在においてまだ届いておりませんことをお知らせします。

荷物は10月5日までに到着する予定だったので、至急そちらの記録を調べていただき、いつ荷物を受け取ることができるのかをお知らせください。

本メールの受領をお知らせ願います。

敬具

島村　東世子

【重要語句】

残念に思う	regret
知らせる、通知する	inform
〜現在で	as of 〜
〜までに	by 〜
〜する予定である	be supposed to 〜
至急	immediately
調べる	check

Subject: Inquiry about delivery of #123

Dear Mr. Palmer,

We regret to inform you that the products we ordered, order No.123 have not arrived as of October 7th.

Since they were supposed to be here by October 5th, please check your records immediately and let us know when we will receive them.

Please confirm the receipt of this email.

Regards,

Toyoko Shimamura

 Toyoko先生のミニ解説

- **by October 5th**　　10月5日までに
10月5日当日を期限に含むことを厳密に表現する場合は on or before October 5th とする。
5日を期限に含まない場合は before October 5th と表現する。

- **immediately**　　すぐに / 直ちに
right away も同じ意味であるが、immediately の方がビジネス的でやや きびしいニュアンスがある。

- **Please confirm the receipt of this email.**
本メールを受け取ったことをご確認ください。
メールを受け取ったことを、相手に連絡してほしい時に使う。
その返事としては、Confirmed. や、Yes, I have confirmed.
などで答える。

■ 苦情のお役立ちフレーズ〜遅延・不良品・不足

As of July 11th, we haven't received our order yet.
７月11日現在で、注文した商品が届いておりません。

It was supposed to be here two weeks ago.
２週間前に届くはずでした。

We regret to inform you about the poor quality of the goods.
商品の品質に関して苦情を申し入れます。

I'm afraid we aren't happy with your service.
残念ながら、御社のサービスに不満です。

Unfortunately, we found that the following items were missing:
残念ながら、以下の商品が不足していることが判明しました。

Regrettably, we found 3 of the 10 products were damaged.
残念ながら、10個中３個が破損していました。

We have to cancel our order.
注文をキャンセルせざるをえません。

Please make sure to reply by June 27th.
６月27日までに必ずお返事ください。

We received the goods that are different from what we ordered.
当社が注文したものと異なる荷物を受け取りました。

Please send us replacements within a week.
１週間以内に代替品を送ってください。

Please let us know the status of the shipment and the exact date of the delivery.
出荷の状況と正確な納期をお知らせください。

We are returning the defective goods. Please send a full refund to the following:
欠陥商品は返品します。以下へ全額返金願います。

Please let us know how to return the wrong product.
誤送品の返却方法をお知らせください。

返信Eメール "遅延に対する苦情へのお詫び"

件名: 注文番号123の配達遅延のお詫び

島村様

注文番号123がまだ届いていないとのこと、お詫び申し上げます。

追跡データによると、台風のため、荷物はABC空港の税関で一時的に止まっておりましたが、すでに空港から出発しています。

10月14日頃には荷物をお受け取りいただけるかと存じますのでご安心ください。

この件に関しましてご迷惑をおかけしてしまい、誠に申し訳ございませんでした。

敬具

スティーブ パーマー

【重要語句】

追跡データによると	according to the tracking data
税関	customs
一時的に止まる	be temporarily stopped

· P186-187のサンプルEメール1に対する返信Eメールです。＜お詫び＞

Subject: Apology for delivery delay of #123

Dear Ms. Shimamura,

We are very sorry that your order No.123 has not arrived yet.

According to the tracking data, your shipment was temporarily stopped by the customs at ABC airport due to the typhoon, but now it has left the airport.

Please be assured that you will receive the shipment around October 14th.

We apologize for any inconvenience this has caused you.

Sincerely,

Steve Palmer

 Toyoko先生のミニ解説

● Please be assured that 〜.　　〜ですのでご安心ください。
同じ意味の表現で Please rest assured that 〜. もある。

お詫び・断りに関するお役立ちフレーズ

I apologize for the late response.
返事が遅れて申し訳ございません。

We are very sorry about that.
その件については本当にすみません。

I am sorry for the error in XX.
XXに間違いがあり申し訳ございません。

Please accept my sincere apologies.
心よりお詫び申し上げます。

I apologize for the short notice.
急な知らせで申し訳ございません。

I am sorry for rushing you.
急がせてすみません。

Please accept our apologies.
本当に申し訳ございません。

We apologize for this mix-up.
混同してしまい申し訳ございません。

We would appreciate your understanding.
ご理解のほどお願いいたします。

Please understand our situation.
何卒状況をご理解願います。

We will make sure this does not happen again.
今後は気を付けます。

I'll check it and get back to you soon.
すぐに調べて返事いたします。

We will take care of it immediately.
直ちに対処します。

We will send a replacement immediately.
至急代替品を送付いたします。

I am sorry I couldn't be of any help.
お力になれなくてすみません。

I apologize for any inconvenience this may cause you.
ご迷惑をおかけしますことをあらかじめお詫びいたします。

We are sorry for the error in shipment.
間違ったものを送ってしまい申し訳ございません。

I apologize for the inconvenience this has caused you.
ご迷惑をおかけしてしまったことをお詫びいたします。

I am afraid there has been some misunderstanding.
何らかの誤解があったように思います。

We regret to inform you that we are unable to accept your request at this time.
残念ながら今回はご依頼を承諾することができません。

サンプルEメール2　間違いを指摘する

件名: 見積もり書と請求書の不一致

パーマー様

御社からの請求書123番は、5月20日付けの見積もり書とあっていないことをお知らせしなければなりません。

計算上のミスのようです。

本件について調査をしていただき、訂正された請求書を直ちにお送りください。

敬具

島村　東世子

【重要語句】

見積もり書	quotation / estimate
請求書	invoice / bill
AとBとの不一致	disagreement between A and B
あう	match
計算	calculation
〜のミス	error in 〜
〜のようである	it seems 〜
調査する	look into

Subject: Disagreement between quotation and invoice

Dear Mr. Palmer,

We must inform you that your invoice No.123 does not match your quotation dated May 20th.

It seems there is an error in the calculation.

Please look into this and send us the corrected invoice immediately.

Regards,

Toyoko Shimamura

 Toyoko先生のミニ解説

- We must inform you that 〜.
  〜ということをお伝えしなければなりません。
  苦情をきっぱりと伝える際に適した表現である。We have to inform you 〜.と同じ意味であるが、must を使う方がよりきついニュアンスを与える。

苦情のお役立ちフレーズ〜金額・数の間違い

Could you double check your invoice No.123?
請求書番号123を再度調べてください。

It seems there is an error in the calculation.
計算が間違っているように思います。

We found some mistakes in your statement.
明細書にいくつか間違いがあります。

Please refund us the difference.
差額を返金願います。

The price of XX should be $10.
XXの金額は10ドルのはずです。

We must inform you that your invoice No.123 does not match your quotation No.321.
御社からの請求書123番の金額が見積もり書321番の金額とあわないことをお知らせしなければなりません。

There must have been some kind of error in your accounting procedures.
御社の会計処理中に何らかのミスが生じたに違いありません。

Please double check the total price and send me the corrected invoice.
合計金額を再度調べていただき、訂正された請求書を送ってください。

Coffee Break

Subject: Happy Birthday！

David,

Happy Birthday！

I hope you have a wonderful time with your family and friends.

All of us here at the office in Japan join me in sending warm congratulations.

Best wishes on your birthday.

Takako

日本語訳 件名: お誕生日おめでとうございます！

デビッドへ

お誕生日おめでとうございます！

家族や友人と一緒に素晴らしい時をお過ごしになってくださいね。

日本支社のスタッフ全員が私と一緒に、あなたの誕生日を心からお祝いいたします。

ご多幸をお祈りしています。

たかこ

 Toyoko先生のミニ解説

● Best wishes 〜. （〜に際して）ご多幸をお祈りいたします。
　誕生日や新年、クリスマスなどのお祝いの際によく使われる表現。

Coffee Break

クリスマスとお正月の挨拶のEメール

Subject: Merry Christmas & Happy New Year!

Steve,

Merry Christmas!

I deeply appreciate your great support throughout the year.

May the coming year bring you prosperity and happiness!

Best wishes for a Merry Christmas and have a Happy New Year.

Toyoko Shimamura

日本語訳 件名: メリークリスマスそして新年おめでとう!

スティーブへ

メリークリスマス!

一年を通じて多大なるご支援をいただき、深くお礼を申し上げます。

来年も貴方にとって繁栄と幸福に満ちた良い年でありますように!

素晴らしいクリスマスと新年をお迎えください。

島村 東世子

 Toyoko先生のミニ解説

● May 〜! 「〜でありますように!」
願望や祈りの気持ちをあらわす堅い表現である。Mayは常に文頭に置く。

■ お祝いのお役立ちフレーズ

Happy Birthday to you. Many happy returns of the day！
お誕生日おめでとう。ご多幸をお祈りします！

I hope you will like this little birthday present.
心ばかりのプレゼントを贈りますが、気に入ってもらえれば嬉しいです。

I wish you all the best and good luck with your business.
ビジネスが上手くいきますように。

Congratulations on your marriage.
ご結婚おめでとうございます。

I would like to extend my best wishes for your continued good
health and happiness.
ますますのご健康とご多幸をお祈りしています。

I would like to extend my congratulations on your promotion.
ご昇進おめでとうございます。

Please accept our warmest congratulations on the birth of your
son.
ご子息のご誕生をお祝い申し上げます。

Part 3

SNSで役立つ英文メッセージ

- ・ SNSで英語のメッセージを送る時のポイント
- ・ SNSでのトーク　サンプル
- ・ SNS版 お役立ちフレーズ

SNSで英語のメッセージを送る時のポイント

　最近のSNSの普及は目覚ましいですね。　ビジネスの現場にもその影響は大きく、現在、チャットなど、SNSを使った英語コミュニケーションスキルが必要になってきています。

　さて、SNSでの英語コミュニケーションの特徴は、『**短い英文を使って、伝えたいことを明確に書くこと**』です。

　基本的に、英文Eメールと、SNSでの英文メッセージは、ほぼ同じと考えていただいてかまいませんが、Eメールを書く時よりも、英文を短くすることを心がけましょう。カジュアルな表現でOKです。

　たとえば、以下のような感じです。

英文Eメール：　　I have received XX. Thank you very much.
SNSメッセージ：　Received. Thanks.

　相手と親しい場合や、あまり時間の余裕がない時などは、Thanks の部分を、tks（Thanks の省略語）とする時もあります。

　SNSでは、省略語や短縮表現もよく使われますが、やはり、ビジネスでのSNSメッセージで、やたらと省略語ばかり使うことはおすすめしません。

　また、最初に Dear ＋ 名前や、あるいは Dear の代わりに、Hi や Hello などと書くのも良いでしょう。単に情報だけ伝える場合や、急いでいる時などは、宛名を書かないことも多々あります。

これだけは知っておこう！ SNSで役立つ簡単な返信メッセージ

1. 承知しました。／了解しました。　（依頼に対する返事）

- Okay.
- No problem.
- Will do.
- Sure.
- Got it.
- That's fine with me.

2. 承知しました。／了解しました。　（連絡事項に対する返事）

- Noted.
- Noted with thanks.
- Duly noted.

3. その他

- Received.　　　受け取りました。
- Confirmed.　　確認しました。
- Understood.　 理解しました。
- Sent.　　　　　（今）送りました。

 Toyoko先生のミニ解説

お礼を言う状況であれば、最後に Thank you. と付け足すと、ポジティブ
な印象を与えます。積極的に使いましょう。

Tom

Hi, Teresa, when is the due date for the monthly report? Thanks.

Teresa

It's the 20th of each month.

Tom

I see.

Teresa

Just letting you know that I have received your report. See you soon !

Tom

Great. Thank you for your help.

日本語訳

トム　：こんにちは、テレサ、月間レポートの締め切り日はいつですか？
　　　　よろしく。

テレサ：毎月20日です。

トム　：わかりました。

テレサ：レポートを受け取りましたのでお知らせします。またね！

トム　：良かった。助けてくれてありがとう。

When is the due date for the draft？
原稿の締め切り日はいつですか？

It is the same as before.
これまでと同じです。

Let me double check.
もう一度確認させてください。

Please double check how much stock you have now.
どれくらい在庫があるのか、もう一度確認してください。

Which samples and how many will be needed for the trade show?
見本市にはどのサンプルが何個必要でしょうか？

Would you like to join？
参加しますか？

If you feel some areas need adjustment, please let me know.
調整が必要な箇所がありそうな場合は、どうぞお知らせください。

Can you tell me how to reach Brian?
ブライアンへどうやったら連絡がとれるか教えてくれる？

Great.
良かった。

Understand. / Understood.
わかりました。

Sounds fun.
楽しそう。

Noted with thanks.
了解しました、ありがとう。

> **Teresa**
> Good morning. Just confirming that we will meet at
> the south exit of Shinjuku station tomorrow at 2:40p.m.
> Please confirm by 1p.m. today.

> **Jun**
> Confirmed.
> Thanks for letting me know. See you tomorrow !

> **Teresa**
> Make sure to bring the printed handouts for the seminar.

> **Jun**
> Got it !

日本語訳

テレサ：おはよう。確認ですが、明日は新宿駅の南出口に午後2:40に会いましょう。
　　　　今日の午後1時までに確認して。

ジュン：確認しました。知らせてくれてありがとう。また明日！

テレサ：セミナーの配布プリントを必ず持って来てね。

ジュン：了解！

Please note that the next meeting will be held on August 27th.
次の会議は8月27日であることをご承知おきください。

Just to confirm, the meeting place will be in Room A as usual, right？
確認ですが、待ち合わせはいつものようにA室ですよね？

Just confirming that we will meet at the ticket gate of Shinagawa station at 3p.m. tomorrow.
単なる確認ですが、明日は品川駅の改札で午後3時に会いましょう。

Confirmed.
確認しました。

Thanks for letting me know.
知らせてくれてありがとう。

Thank you for the information.
情報をありがとう。

Thank you for the reminder.
リマインダーをありがとう。

Make sure to bring your business cards with you.
名刺を必ず持ってきてね。

Pls confirm as soon as possible.
できるだけ早く確認してください。

Please call me by 5p.m.
午後5時までに電話してください。

Thank you for your confirmation.
確認ありがとう。

● SNSでのトーク：催促する —— 返信の催促

> **Teresa**
> I have emailed you about the sales report.
> Pls reply asap.

> **Sarah**
> Sorry, I am very busy at the moment,
> but I will try to respond to you this evening.

> **Teresa**
> Understood, but please reply by 5p.m. today because
> I have to give your answer to the client by 6p.m. today.

> **Sarah**
> Will do !

日本語訳

テレサ：営業報告書に関するメールを送りました。できるだけ早く返事をください。

サラ　：すみません、今とても忙しいですが、おそらく今日の夕方にはメールに返事をします。

テレサ：わかりました、でも今日の午後5時までに返信してください。なぜなら今日の午後6時までにクライアントにあなたの返事をお伝えしなくてはなりません。

サラ　：そうします！

I've emailed you about our new project.
新プロジェクトに関してメールを送りました。

Pls confirm the message above.
上記のメッセージを確認してください。

I can confirm that.
確認しました。

Recently, I have been very busy.
最近とても忙しいです。

I'm sorry I missed it.
見逃してごめんなさい。

Pls check and reply by 3p.m. today.
今日の午後3時までに確認して返事してね。

Be sure to reply by 10a.m. tomorrow.
明日の午前10時までに必ず返信してください。

Please reply at your earliest convenience.
できるだけ早めにお返事ください。

I'll get back to you as soon as possible.
できるだけ早くお返事します。

I'll send the revised price list today.
今日中に改訂版価格表を送ります。

Brian

There has been an accident and the train has stopped at ABC station for more than 20 minutes.
I'm probably going to be late.
Do you have any way of contacting K Company？

Teresa

Here are the name of the contact person and his phone number:
Ryo: 090-1234-XXXX HR
Let me know as soon as you reach him.
Take care.

Brian

Saved it. Thanks.

日本語訳

ブライアン：事故があり、ABC駅で電車が20分以上止まっています。
　　　　　　おそらく遅刻するでしょう。K社へ連絡する方法を知っていますか？
テレサ　　：以下が担当者と電話番号です。
　　　　　　リョウ：090-1234-XXXX 人事部
　　　　　　彼に連絡がつき次第、私に知らせてください。気を付けて。
ブライアン：登録しました。ありがとう。

I got lost.
道に迷いました。

There has been a traffic accident.
交通事故がありました。

I have been stuck in traffic for over 40 minutes.
40分以上渋滞にはまっています。

I might be a little late.
少し遅れるかもしれません。

I think I'm going to be late for the meeting.
会議に遅刻すると思います。

Can you make it by 2p.m.？
午後2時には間に合う？

Do you have any other way of going to K Company？
K社へ行く別の方法を知っていますか？

Please note that the office entrance closes at 6p.m.
午後6時以降はオフィスの入り口が閉まっていますことにご留意ください。

Please let me know as soon as you arrive at K Company.
K社に到着次第、知らせてください。

Take care.
気を付けて。

I will save it.
登録しておきます。

● SNSでのトーク：メールのトラブル —— メールが届いていない通知

Kate
Hi, I haven't received the email yet.

Teresa
I've just sent it.

Kate
It still hasn't come. Strange.
Could you resend it?

Teresa
Resent. Please check your spam folder just in case.

Kate
Yes, I have it now. Thanks !

日本語訳
ケイト：こんにちは、まだメールを受け取っていません。
テレサ：今、送信しました。
ケイト：まだ来ていません。おかしいですね。再送してもらえる？
テレサ：もう一度送りました。念のため迷惑メールフォルダーを確認して。
ケイト：はい、今、受け取りました。ありがとう！

I haven't received your message yet.
まだメッセージを受け取っていません。

The price list still has not come through.
価格表がまだ来ていません。

(I) sent it now.
今、送信しました。

(I) sent it again.
今、再送しました。

Received.
受信しました。

I have it now.
今、受け取りました。

How weird.
おかしいですね。

I'll try to fix it.
直します。

Please resend it.
再送してください。

I don't see an attachment on the email.
メールに添付ファイルが見当たりません。

I accidentally sent a blank email. Please ignore it.
間違えて空メールを送りましたので、破棄してください。

Teresa

Thank you for today. Our client, K Company really appreciates your service.

Thank you so much for your hard work !

David

Great !

Thanks for helping me prepare the documents.

It helped me a lot. Very much appreciate your help.

Teresa

My pleasure. Thank you again.

David

Thank you, you too.

日本語訳

テレサ ：今日はありがとう。クライアントのK社はあなたの仕事に本当に感謝していました。頑張ってくれて本当にありがとう！

デビッド：良かった！書類の準備を手伝ってくれてありがとう。たいへん助かりました。手助けに感謝します。

テレサ ：どういたしまして。重ねてお礼を申し上げます。

デビッド：こちらこそありがとう。

■ SNS版　お礼とその返事のお役立ちフレーズ

Thank you. / Thanks.
ありがとう。 / よろしく。 / 以上。

Much appreciated.
感謝します。

Thank you for your cooperation.
ご協力をありがとう。 / ご協力よろしくお願いします。

Thank you so much for your efforts.
頑張ってくれて本当にありがとう。

Thank you for the meeting yesterday.
昨日は会議でありがとうございました。

Thank you for your contribution to this project.
このプロジェクトへの貢献に感謝します。

Very much appreciate your help (cooperation).
手助け（ご協力）に感謝します。

Thanks for helping me practice the presentation.
プレゼンの練習を手伝ってくれてありがとう。

Our client, K Company was really impressed with your service.
クライアントのK社はあなたの仕事に本当に感銘を受けていました。

It helped me a lot.
たいへん助かりました。

Thank you again. / Again, thanks.
重ねてお礼を申し上げます。

My pleasure.
どういたしまして。

Thank you, you too.
こちらこそありがとう。

Teresa

Hi, Sam.
Please tell Kathy to call me after the presentation tomorrow.

Sam

Okay, I will pass on the message.

Teresa

One more thing. You can bring the slides in a USB memory
so that you don't have to carry a PC. Good luck !

Sam

Great, thank you.

日本語訳

テレサ：こんにちは、サム。明日、プレゼンの後でキャシーに電話するよう伝えて。

サム　：わかりました、メッセージを伝えます。

テレサ：もう一つ。スライドはUSBで持っていくとPCを持っていく必要がないわ。
　　　　　頑張って！

サム　：良かった、ありがとう。

Just tell her we will meet next Monday.
次の月曜に会いましょう、と彼女に伝えて。

I'll ask her when she gets back to the office.
彼女がオフィスに戻ったら聞きます。

Please tell him that I will think about the proposal.
その提案について考えます、と彼に伝えてください。

When you see your boss, please tell him the following:
あなたの上司に会ったら以下を伝えて。

Kaori asked if you could send her a PDF file of the quotation so that she can print it out.
印刷できるようにPDF版の見積もり書をもらえるかどうか、カオリが聞いていました。

One more thing.
あともう一つ。

I will pass on the message.
メッセージを伝えます。

Sure.
もちろん。

Noted.
了解です。

SNSでのトーク：お詫びする ── 失念していたことへのお詫び

Teresa

Hello, I haven't received your report and plan yet.
Please send them by 6p.m.

Meg

Sorry for keeping you waiting !
I will get everything done and send them this evening !
Sincere apologies.

Meg

I've sent them. Please confirm.

Teresa

Received. Thanks.

日本語訳

テレサ：こんにちは、まだ報告書と計画書を受け取っていません。
　　　　午後6時までに送ってください。

メグ　：お待たせしてすみません！全て完成させて夕方に送ります！お詫びいたします。

メグ　：送りました。確認お願いします。

テレサ：受け取りました。ありがとう。

■ SNS版　お詫びとその返事のお役立ちフレーズ

Please send the document by hopefully, 11a.m.
できれば書類を午前11時までに送ってください。

I've been very busy since yesterday. I forgot about it.
昨日からとても忙しくて忘れていました。

Apologies.
お詫びします。

Sorry for the late reply.
返事が遅くなりすみません。

Sorry for keeping you waiting.
お待たせしてすみません。

I have some problems with my messaging app.
メッセージアプリに問題があるみたいです。

My messaging app doesn't work well on my phone.
メッセージアプリが上手く機能していません。

I've just sent it now.
今送りました。

Sorry, I didn't mean it.
ごめん、そんなつもりはなかったのです。

It can wait until tomorrow.
明日までなら待てます。

No worries. / No problem. / Never mind.
大丈夫。 / 心配しないで。

Be more careful from now on.
今後は気を付けてね。

● SNSでのトーク：約束を変更する —— 日程変更の提案

Teresa

Sorry for sending you a message late at night.
I just heard that there will be a storm tomorrow.
It might be best to reschedule our meeting.
Let me know your available day for next week.

Karl

Ah, I understand. Wednesday sounds good to me.
An earlier time would be preferable for me.

Teresa

Ok. Let's meet at 10a.m. next Wednesday.
Have a good night !

Karl

Good night !

日本語訳

テレサ：夜遅くにメッセージを送ってごめんなさい。明日は暴風雨だと聞きました。
　　　　ミーティングを延期した方が良いかもしれません。来週の都合の良い日を教えて。
カール：ええ、了解です。水曜日が都合良いです。早い時間が希望です。
テレサ：わかりました。次の水曜日午前10時に会いましょう。おやすみなさい！
カール：おやすみなさい！

Sorry to bother you on a Sunday.
日曜日に（連絡して）ごめんなさい。

Sorry for sending you a message early in the morning.
早朝にメッセージを送ってごめんなさい。

I heard there will be a typhoon the day after tomorrow.
明後日は台風だと聞きました。

Can we reschedule to a later date？
日程を延期してもいい？

Can we reschedule today's meeting to Tuesday next week？
今日のミーティングを来週の火曜日に変更してもらえますか？

Today's meeting was canceled due to yesterday's typhoon.
昨日の台風のため、今日のミーティングは中止になりました。

Let me know your available day for next week.
来週の都合の良い日を教えて。

Would Friday next week be okay？
来週の金曜日は大丈夫ですか？

I'm free on Friday after 3p.m.
金曜日の午後3時以降は空いています。

Tomorrow morning would be good for me.
明日の朝が都合良いです。

An earlier time would be convenient for me.
早い時間が都合良いです。

I'll let you know what days will work for me.
私の都合の良い日は、後ほどお知らせします。

Let's meet at lunchtime tomorrow.
明日のお昼休みに会いましょう。

> **_Teresa_**
> Hello. Can you review my project plan？
> If you want, I can send the file now. Thanks.

> **_Thomas_**
> No problem, but I am with my client right now.
> I can't open the attachment.
> I'll be free the rest of the evening.
> I will be able to reply by 10a.m. tomorrow.
> Will that be okay with you？

> **_Teresa_**
> Please take your time. I appreciate your help.

日本語訳

テレサ　：こんにちは。私のプロジェクト計画を見てもらえますか？
　　　　　もし必要なら、今からファイルを送ります。よろしく。

トーマス：わかりました、でも、今クライアントと一緒なので添付を開けられません。
　　　　　夕方は時間があるので、明日午前10時までには返事ができます。
　　　　　それで良いですか？

テレサ　：急がなくて良いです。ご協力お願いします。

■ SNS版　依頼とその返事のお役立ちフレーズ

Do you have a minute？
少し時間はある？

I need your idea on the price of our new product.
新製品の価格に関してあなたの意見が必要です。

Could you check the areas highlighted in red？
赤のハイライトの部分を確認してもらえますか？

Would it be possible for you to assist with Danny's tasks？
ダニーの仕事の手伝いをすることは可能ですか？

I am in a meeting right now.
今会議中です。

I'm on my way to my clients now.
今クライアントのところに向かっています。

I would be happy to assist him.
喜んで彼のお手伝いをいたします。

I'm free the rest of the day.
今日は時間があります。

I have some extra time this weekend.
週末は時間があります。

I should be able to send you the updated file tomorrow.
明日最新のファイルを送付できるかと思います。

Is that okay with you？
それで良いですか？

I didn't mean to rush you.
急がせる気はありませんでした。

Teresa

I need to attend a meeting tomorrow.
Could you go to K Company and do the presentation alone?
I believe you know what to do to enter Ray's room.

Kai

Okay, but just to check, is Ray's room in the East tower or the West tower? Do you know his extension number?

Teresa

His room is in the West tower and call 513.
Good luck with your presentation.
I'm sure it will be a great success!

Kai

Got it. Thanks.

日本語訳

テレサ：明日会議に出席しなくてはなりません。K社にひとりで行ってプレゼンして
　　　　もらえる？レイの部屋への入り方は知っているよね？

カイ　：わかりました、でも確認ですが、レイの部屋は東棟でした？西棟でした？
　　　　彼の内線番号を知っていますか？

テレサ：彼の部屋は西棟。513番に電話して。プレゼン頑張って。きっと上手くいくわ！

カイ　：了解。ありがとう。

We need to give the details of XX to our client today.
今日、クライアントにXXの詳細を伝えなくてはいけません。

If you have any ideas, let me know.
何かアイディアがあれば知らせて。

Could you attend the meeting on my behalf？
私の代わりに会議に出席してもらえる？

Where exactly is the location of K Company？
K社の詳しい場所はどこですか？

I believe you know where to go.
どこへ行けば良いかわかるよね。

I don't remember where the meeting room is.
会議室がどこか覚えていません。

Just to check, is the office in Shinjuku or Shinagawa？
確認ですが、オフィスは新宿でした？品川でした？

I'm sure it will go pretty well.
全て上手くいくわ。

Have a great time at K Company today.
今日はK社で楽しんでね。

I'm excited to see how our client will like our products.
顧客が我社の商品をどれだけ気に入るか、報告を楽しみにしています。

I'll do my best.
ベストを尽くします。

You can count on me.
任せて。

● SNSでのトーク：報告する —— プレゼンの報告

Teresa

Hi. How was the presentation at K Company today？
I bet it went really well.

Kai

Yes, it went very well. They liked our products.
Oh, by the way, did you know that Mr. Tanaka will be
transferred to the Osaka branch from April？

Teresa

Oh, no, that's bad news！
Do you know who'll be the next manager then？

Kai

No, but I'll let you know once I visit them next week.

日本語訳
テレサ：こんにちは。今日のK社のプレゼンどうだった？上手くいったと思います。
カイ　：はい、とても上手くいきました。我社の商品を気に入ってくれました。
　　　　あぁ、ところで、タナカさんが4月から大阪支社へ異動って知っていた？
テレサ：ええ！それは悪い知らせね！じゃあ、次のマネージャーは誰か知っている？
カイ　：いいえ、でも、来週彼らに会ったらすぐに知らせます。

■ SNS版　報告とその返事のお役立ちフレーズ

What's going on?
どうなっていますか?

I need to know what's going on.
どうなっているか知る必要があります。

How was the competition today?
今日のコンペはどうだった?

Let me know the earliest time you can respond to my email.
私のメールに返信できる最も早い時間を教えてください。

Do you know that K Company will relocate their office in September?
K社が9月にオフィスを引っ越すって知っていた?

I will get back to you by 5p.m. today.
今日の午後5時までに返事します。

I will get everything done and send them in the evening.
全て完成させて夕方に送ります。

I'm sure it went well.
上手くいったと思います。

It went really well.
とても上手くいきました。

I'll check it and let you know.
確認して知らせます。

● SNSでのトーク：時間の調整をする —— ミーティング時間の調整

Beth
Hi, Teresa. I have to be home around 3p.m. tomorrow. Will we have enough time on the meeting?

Teresa
What time do you need to leave the office?

Beth
I'm trying to catch the 14:20 train.

Teresa
How about we start the meeting at 12p.m. instead?

Beth
That should be fine. See you tomorrow.

日本語訳

ベス　　：こんにちは、テレサ。明日は午後３時頃家にいなくてはいけません。
　　　　　ミーティングの時間は十分にありますか？
テレサ：何時にオフィスを出る必要があるの？
ベス　　：14:20の電車に乗ろうと思っています。
テレサ：代わりに午後12時からミーティングを開始するのはどう？
ベス　　：それなら大丈夫なはずです。じゃあ明日ね。

I was looking at the train times.
電車の時間を見ていたのだけど。

I have to stay in the office all afternoon.
午後はずっとオフィスにいなくてはいけません。

I just need to know because it affects the time I return home.
帰宅時間に影響があるため知る必要があります。

What time do you need to go back to the office？
何時にオフィスに戻る必要がありますか？

Will we be able to make it for the video conference？
ビデオ会議に間に合いますか？

Can I catch the 15:45 flight？
15:45のフライトに乗ることは可能ですか？

I will be able to make it for the 16:33 train.
16:33の電車には間に合いそうです。

How about we have a strategy meeting this afternoon？
午後に戦略会議をするのはどう？

Would that be ok？
それで良いですか？

Perfect.
完璧。 / 素晴らしい。

That's fine.
大丈夫です。

Sounds fine.
大丈夫そうね。

● SNSでのトーク：待ち合わせをする　──待ち合わせの連絡

Teresa
I'll jump on the 13:55 train at ABC station.

Paul
I'm on the same train. It will soon arrive at ABC station.

Teresa
Oh, I can get on the same train.
I'll get on the first car. So let's meet there.

Paul
Ok. See you then.

日本語訳

テレサ：ABC駅で13:55の電車に乗ります。

ポール：同じ電車に乗っています。もうすぐABC駅に着きます。

テレサ：あぁ、じゃあ同じ電車に乗れるね。先頭車両に乗るからそこで会いましょう。

ポール：わかりました。あとでね。

I'll catch the 14:45 train for ABC station.
ABC駅行きの14:45の電車に乗ります。

I will jump on the 13:00 shinkansen at Shin-Osaka station.
新大阪駅で13:00の新幹線に乗ります。

I'm in the same car.
同じ車両に乗っています。

Meet me in the last car.
最後尾の車両で会いましょう。

Let's get on the same train !
同じ電車に乗ろう！

I'm here.
着きました。

Are you here？
着きましたか？

I'm at the station now.
今、駅にいます。

Arrived at the ticket gate.
改札に着きました。

See you then.
あとでね。

I will be 10 minutes late.
10分遅れます。

Teresa

Good news, we finally signed the contract with R Corp. !
Are you available to install on November 15th？

Mark

That's great news, but unfortunately, I'll be busy preparing
a sales report around that day. Sorry.

Teresa

How about November 17th？

Ken

I'll be available on November 17th.
Please send the specifications 3 days in advance.

Mark

Will do. Thanks.

日本語訳

テレサ：良い知らせです、ついにR社の契約を取りました！インストールの11月15日
　　　　の都合は？

マーク：それは良かったね、残念だけど、その日辺りは営業レポートの準備で忙しいな。
　　　　ごめん。

テレサ：11月17日はどう？

ケン　：11月17日は空いています。3日前には仕様書を送ってください。

マーク：そうするよ。ありがとう。

Are you okay on January 7th and January 14th?
1月7日と1月14日は大丈夫ですか?

Are you available for Ben's birthday party on November 22nd?
ベンの誕生日パーティーの11月22日の都合は?

Both are fine.
どちらも大丈夫です。

I'm ok with Friday.
私は金曜は空いています。

Sorry, I can't make it.
ごめん、行けません。

I'm ok with those days.
それらの日程は空いています。

I'm available for the meeting.
その会議には参加できます。

Please keep the day open.
その日は空けておいてください。

I'll check my schedule and let you know later.
予定を確認して後で知らせます。

I'll send you the list of days I'm not in the office.
私がオフィスにいない日程のリストを送ります。

It should be fine, but I won't know until the end of next week.
それで大丈夫なはずですが、来週にならないとわかりません。

I am not 100% sure, but I will likely be able to work on that day.
100%確証はないけど、その日は仕事ができると思います。

おわりに

　本書を執筆している時、「どの表現が一番使いやすいか?」、「どちらの表現が、よりビジネスで適切、かつナチュラルか?」等、細部にわたり試行錯誤しました。けれども、終始一貫して、確固とした指針に基づいて執筆しました。それは「英語の勉強」のための本ではなく、仕事ですぐに役立つ『実践的な本』にする!という指針です。

　また、今回の第2版では、新たに『SNSで役立つ英文メッセージ』や、『サンプルEメールへの返信Eメール』を追加しましたが、どちらも「シンプルであっても失礼にあたらない」、「他の場面でも応用しやすい英語表現」を収録することを念頭におきました。

　色々と試行錯誤を重ねましたが、「まず、この一冊がデスクにあれば大丈夫!」と思っていただければ、嬉しい限りです。

　本書の完成に際しては、多くの方々にお世話になりました。特に、この第2版の出版をすすめてくださった日刊工業新聞社の鈴木徹様に、心からの感謝の気持ちをお伝えいたします。ありがとうございました。

島村 東世子

（株）イー・グローブHP（https://www.eglobe.co.jp/book2/）にて
「SNSで役立つ英文メッセージ」の一部を公開中。ぜひご覧下さい。

著者のプロフィール

島村 東世子 (しまむら とよこ)
Toyoko SHIMAMURA, Ph.D.

株式会社イー・グローブ 代表取締役
大阪大学大学院工学研究科 非常勤講師
E-mail: shimamura@eglobe.co.jp
https://www.eglobe.co.jp/
大阪大学大学院言語文化研究科言語文化専攻 博士後期課程修了
学位：博士（言語文化学）

専門英語教育（English for Specific Purposes）の研究とともに、現在、企業、大学、研究機関にて英文Eメールライティング、英語プレゼンテーション、ディスカッション等の教育・研修を行う。講演、セミナー多数。

著　書　「研究ですぐに使える理系の英文Eメール」（日刊工業新聞社）
　　　　「すぐに使えるらくらくビジネス英会話」（日刊工業新聞社）
　　　　「研究発表ですぐに使える理系の英語プレゼンテーション」（日刊工業新聞社）

本当に役立つ英文ビジネスEメール　第2版　　NDC816

2005年 3月31日　初版 1 刷発行
2019年12月13日　初版15刷発行
2020年11月20日　第 2 版 1 刷発行
2024年 6月25日　第 2 版 2 刷発行

Ⓒ著　者　島　村　東　世　子
　執筆協力　宮　原　麻　希
　発行者　井　水　治　博
　発行所　日刊工業新聞社

〒103-8548　東京都中央区日本橋小網町14-1
　　　　電話　書籍編集部　　　03-5644-7490
　　　　　　　販売・管理部　　 03-5644-7403
　　　　FAX　03-5644-7400
　　　　振替口座　00190-2-186076
　　　　URL　https://pub.nikkan.co.jp/
　　　　e-mail　info_shuppan@nikkan.tech

印刷・製本　新日本印刷㈱（POD1）

（定価はカバーに表示されております。）